東海林さだお

干し芋の丸かじり

朝日新聞出版

干し芋の丸かじり＊目次

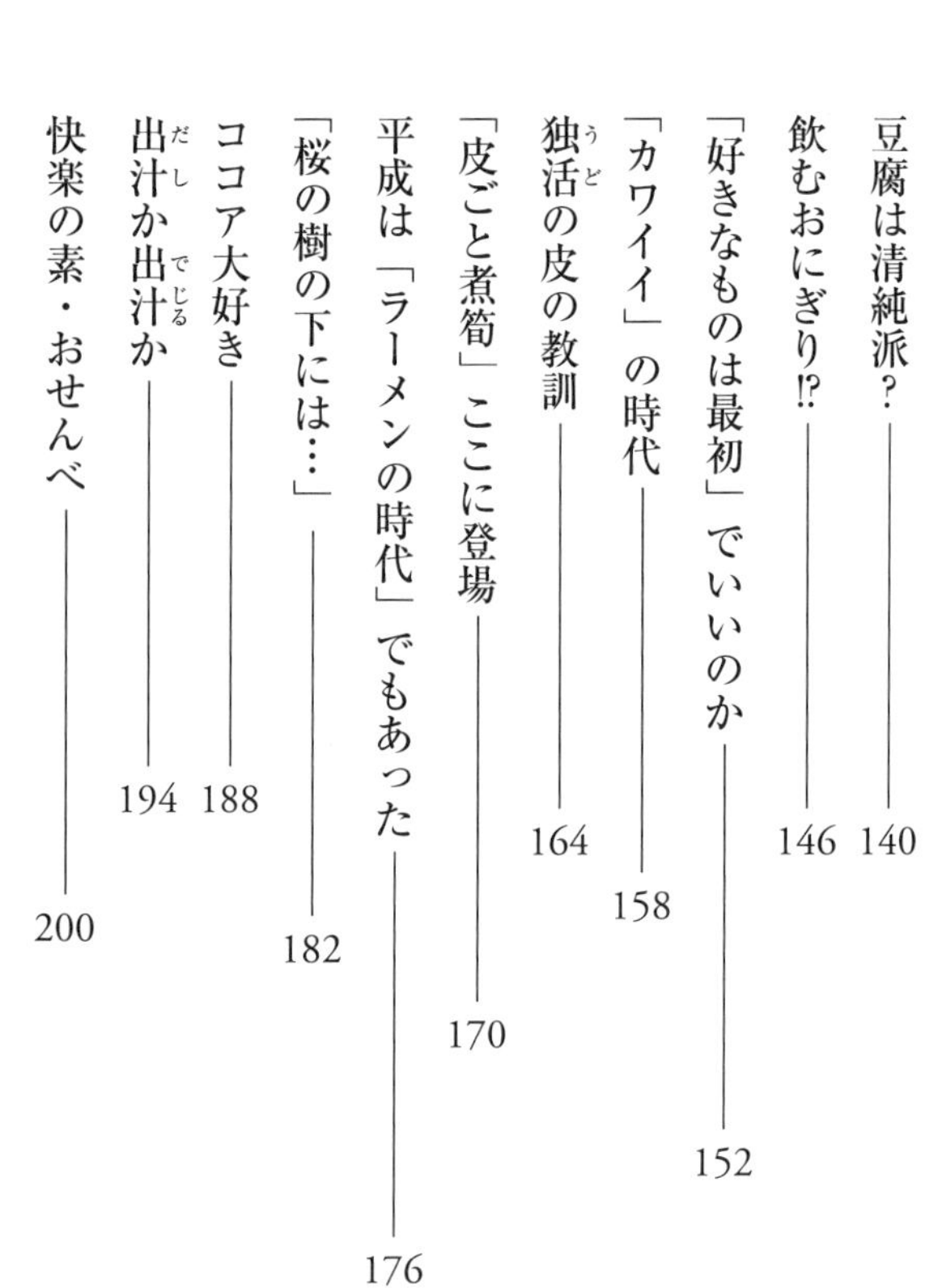

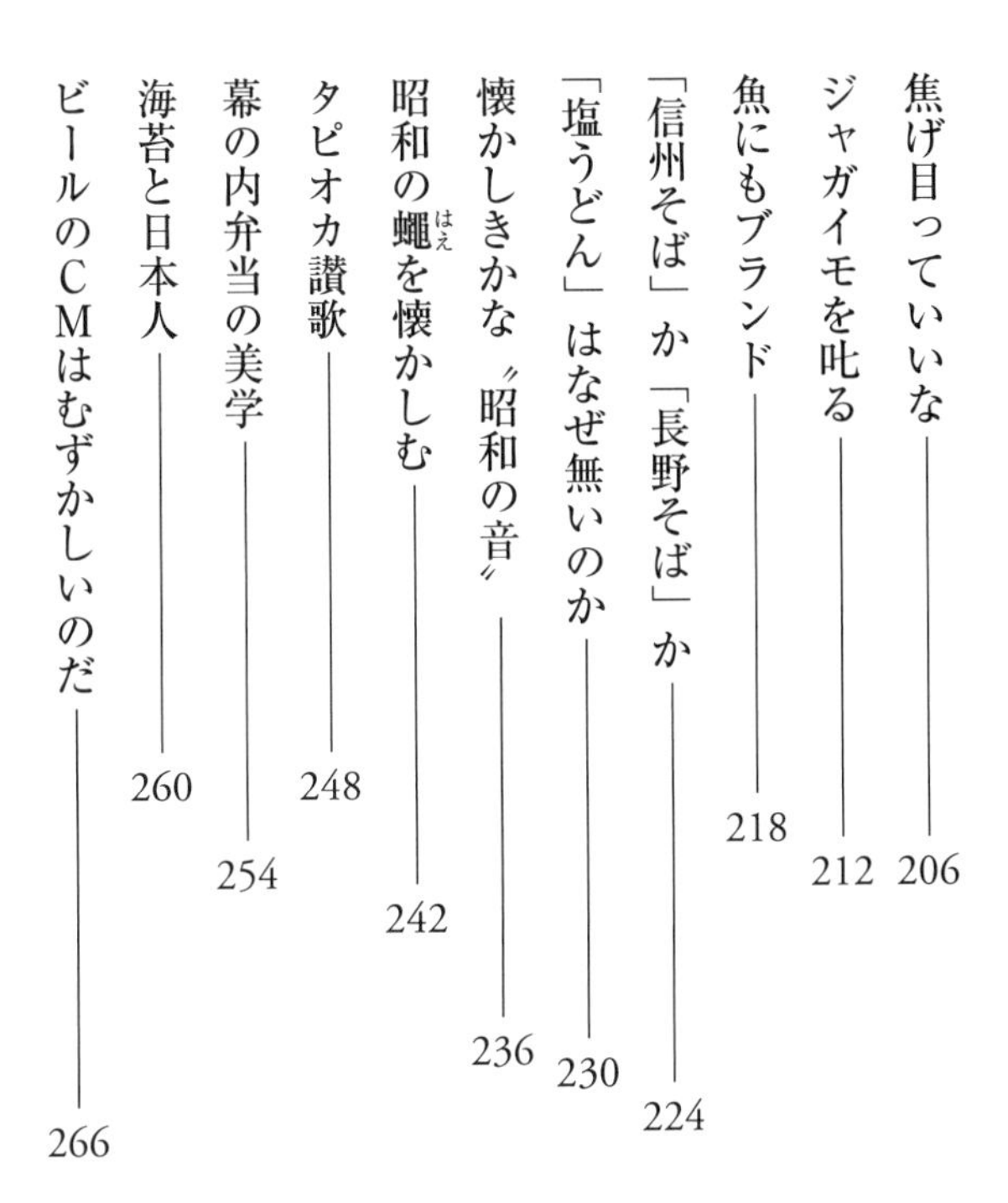

装　丁　加藤光太郎

〈初出〉「週刊朝日」２０１８年10月12日～２０１９年8月30日号（「あれも食いたいこれも食いたい」）。

本文中の価格、名称などは掲載時のものです。商品の中には販売終了になったものもあります。

干し芋の丸かじり

◉築地最後の宴(うたげ)は

平成の時代がもうすぐ終わる。

来年（２０１９年）の４月30日が平成最後の日となる。

あと半年とちょっと。

ということになってくると「平成最後の○○」という言葉がしきりにあちこちで使われるようになる。

「平成最後の秋」とか「平成最後の除夜の鐘」とか……。

ぼくはつい先日久しぶりに鰻重を食べたのだが、たぶんこれが「平成最後の鰻重」ということになると思う。

平成最後のどんづまりの４月20日あたりになると世の中は「平成最後の○○」だらけになる。

「平成最後の目刺し」「平成最後の切り干し大根の煮付け」……。

４月30日の夜に見た夢は「平成最後の夢」、もしその夜夢を見なかったらその前日の夜の夢が繰りあがって「平成最後の夢」になる。

世情騒然を危惧していたところ、それよりもっと切羽詰まった「最後の日」があった。

「築地最後の日」である。
平成30年10月6日、83年の歴史を誇る築地市場が幕を閉じるのだ。
あせった。
その日を何もしないでボーッと過ごすわけにはいくまい、と思った。
何かしないと損だ、という考えでもないのだが、何かしないと損なような気もする。
行って何をするか。
行って何も食べないで帰ってくると損をするような気がする。
何を食べるか。

「築地へ行ったら寿司だろ」

という声が圧倒的だが寿司なら築地がなくなってもいつでも食べられる。

「丸ごと一匹の煮魚、もしくは焼き魚」というイメージが急浮上した。

なぜか。

ぼくは定食屋によく行くのだが、定食屋には「丸ごと一匹もの」というメニューはまずない（除く目刺し）。定食屋の代表メニュー「鯖の味噌煮」は切り身である。

居酒屋の牢名主的メニュー「銀ダラの西京焼き」も必ず切り身である。

つまり、魚の全身丸ごとの姿は見ようと思っても見られないのだ。

築地に行けば見られる。

築地の和食の店「高はし」と「かとう」のメニューに、金目鯛の丸ごと煮、いさきの丸ごと焼きなどがあることを、ぼくはテレビのグルメ番組を見て知っていた。

そうだ、築地最後の日のメニューとして丸ごとの魚を食べよう。

この連載は「丸かじりシリーズ」でもある。

築地へ行って丸ごとの魚を食べ、ビールの丸ビンを飲めば、三方丸く収まってメデタシメデタシということになるではないか。

サヨナラ築地まであと15日という9月21日雨天決行。

朝の11時半、築地到着。

あいにくの雨にもかかわらず築地場内は人人人、傘傘傘、傘傘傘の下に人人人。

ここに群れ集まっている人々の表情には独得のものがある。

それは渋谷の109の前の人々の表情とも違い、丸の内あたりの人々とも違い、あの、ホラ、天使の頭の上に浮いているワッカがありますね、あのワッカが魚の絵に入れ替わってる図を想像してください。

ここにいる人々全員の頭の上に魚のワッカ。みんな魚で浮かれているのです。

「和食かとう」は間口一間半。

細長い箱型の店の両側にカウンターがあって16席。

店内はほぼ満員でようやく入店。

メニューを見てとにもかくにもまずレンコダイの煮付け（2000円）を注文。

牡丹御膳という刺身盛り合わせもとる。マグロ、ブリ、ヒラメ、銀じゃけ、キビナゴが大皿に盛りつけてあって2500円。

丸ごとレンコダイは大皿いっぱいの大魚で頭、しっぽ完備。威厳がある。

大きな魚が煮付けられている全身像をようく鑑賞したのち、胸のあたりをホジらせていただいてゴハンを一口。

積年の夢、今こそ。

刺身の大皿に取りかかる。

皿がデカい。タテヨコ30センチはある木の板に巨大な刺身が盛りつけてある。

そう、巨大。巨大としか言いようがないほど刺身の一切れが部厚く大きい。居酒屋の刺身のおよそ5倍の容積。

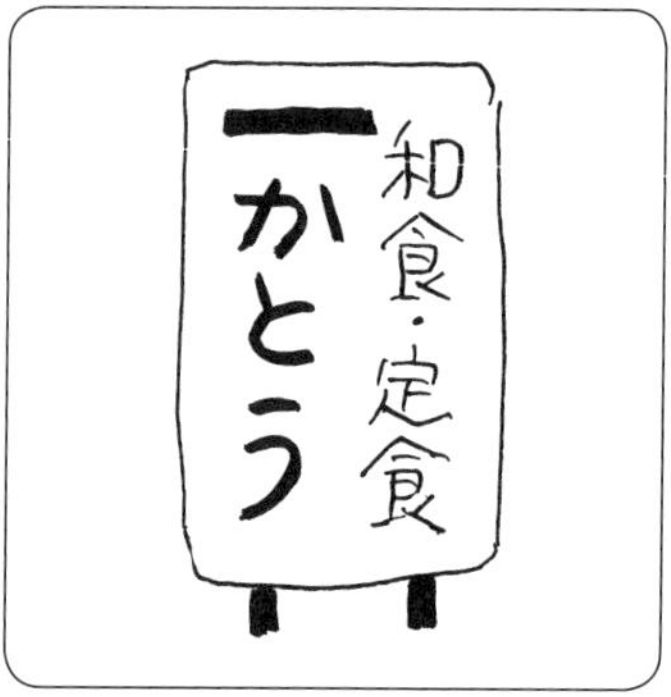

和食・定食
かとう

刺身に〝容積〟は似合わないが、容積を使わざるをえないデカさ。殿様が通う定食屋（そんなのあるか）が出す刺身の大きさ。

箸で持って重く、口に入れると口からはみ出る。

形式としてはそのへんの定食屋と同じスタイルだが、そのへんの定食屋の定食と比べると値段は何倍も高い。

だが実質は2倍以上。

何しろ〝殿様の定食屋〟であるから何事もゆったり、値段もゆったり。

食べる気分もゆったり。

ぼくはいつもの定食屋でいつもの刺身定食を食べるときは常にセコセコ、刺身の一切れの大きさと枚数とゴハンの残量の按配(あんばい)に苦慮していたのだが今日ばかりは余裕しゃくしゃく、

「もしかしたら刺身余るかもしんないな」

の心境で牡丹御膳を食べるのだった。

築地ならではの魚の丸ごと煮。

築地ならではの刺身の大きさ。

築地ならではのゆったり気分。

「築地ならでは」を満喫した一日でした。

◉……の似合う人

その年最もジーンズが似合った人ということで、毎年「ベストジーニスト」というのが選ばれる。

「いかにも」「さもありなん」というタレントや有名人が選ばれる。

この方式を踏襲して、何か食べ物、たとえば「今年いちばん親子丼が似合った人」とか「餃子が似合った」ということで表彰するというのはどうか。

いますよね、居酒屋なんかに「湯豆腐が似合う人」とか「ネギのぬたが似合う人」とか、「イカの塩辛が似合う人」とか「イカの塩辛の足んとこだけが似合う人」とか。

こういう人たちを、毎年一回、「ベストぬたニスト」「イカの足んとこだけニスト」というふうに部門別に表彰する。

ただ問題は、こういう部門で選ばれた人たちがそのことに栄光を感じて表彰式に出席してくれるかどうか。

晴れがましく思ってくれるのかくれないのか。

ベストジーニストは、日本ジーンズ協議会というところが主催しているわけだが、会社でもや

安倍さんがこれからラーメンを食べようとしてコショウをかけているところなんですが
似合いませんね！

ったら面白いんじゃないかな。

わが社で今年いちばん社食のカツ丼が似合った「カツ丼ニスト」は営業の井上君でした、ということで表彰式をやってみんなでパチパチ。

今年いちばん立ち食いそばが似合ったのは経理の渡辺係長でした。立ち食いそばを食べる姿があまりにも身に付いていてピッタリなのでベスト立ち食いそばニストとして表彰します、ということになって、パチパチということになるかどうか。

渡辺係長が怒り狂うということも考えられる。

ここでぼくの考えは飛躍する。
○○を食べている姿が似合う、ピッタリだ、という発想ではなく、その人のエピソードとして、あるいは仕事と関連して「この人にはこの食べ物シリーズ」というもの、これがけっこうあることに気付いたのです。
たとえば〝武者小路実篤と言えばカボチャ〟。

武者小路実篤は色紙をたくさん描いた。

その色紙の最多登場数を誇るのがカボチャ。

ぼくはこのことに興味をもって調べてみたのだが、カボチャだけ、というのは少なく、カボチャのお伴としてナス、キュウリ、玉ねぎ、ピーマン、ニンジンなどを登場させている。

たとえばカボチャの横に玉ねぎを登場させて「仲よき事は美しき哉」との文字を添わせる。

カボチャとじゃがいもを描いて「君は君　我は我也　されど仲よき」と書く。

そう言われると、

「うん、カボチャと玉ねぎとじゃがいもは仲良しだったんだ」

と改めて納得して、何だかホノボノした気持ちになる。

そして、これは改めて発見したことであるが、先生は白菜、キャベツ、大根はお描きにならない。

ぼくの考えでは、カボチャと大根を描いて「君は君　我は我也　されど仲悪き」という絵が欲しかったんだけどナ。

武者小路実篤とカボチャはこれぐらいにして佐藤春夫とサンマ。

これも切っても切れない関係にある。切っても切れない関係だったら佐藤春夫より明石家さんまじゃないか、という声は無視して次にいきます。

ヘミングウェイと言えばカジキマグロ。

久保田万太郎と言えば湯豆腐。

　湯豆腐やいのちのはてのうすあかり
という俳句はあまりにも有名。

この場合、「作者と俳句」という関係だけでなく、久保田万太郎そのものが、うすあかりの中の鍋の中の風景として見えてくる。

この「と言えばシリーズ」でもう少し考えていくことにします。

まだ「と言えば」とはまだ誰も言ってないのだが、これから「と言えばシリーズ」に加わりそうな人たち。

松崎しげると言えば……。

松崎しげると言えば、これはもうこんがりトースト以外にないでしょう。

池上彰と言えば……。

これはもう幕の内弁当。

何でもあるし、何でも来い。

松岡修造と言えば……。

これはもう熱々のグラグラ煮えたぎっているグラタン。

松岡修造さんが、煮えたぎっているグラタンを食べながら汗だくで熱弁をふるっているところを想像してください。


相田みつをと言えば……。

お粥。

「おいしくなくたっていいじゃないか」

と色紙に書いてあって、左の下の隅のところに「みつを」とサインがしてある。

と、このように、どんな人にもその人にふさわしい、というか、ピッタリ似合った食べ物が必ずある、ということをこれまで述べてきた。

このことはあなたにも当てはまる。

考えてください、自分だったら何だろう、自分に似合う食べ物。

人にこれだと言われて、あ、確かに、と深く納得する食べ物。

必ずある、と書いておいて、ハタと気づいた人がいる。

われらが総理大臣安倍さん。

安倍さんと言えば……と考えて、うん、これだ、と思いつくものありますか。

カレー似合わず、餃子似合わず、シウマイ似合わず、天ぷら似合わずステーキ似合わない。

これぐらい何も似合う食べ物がない人って珍しくないですか。

食べ物の気配がしてこない人って何だか寂しーなー。

◉パセリで悩む日本人

「ボーっと生きてんじゃねーよ」

はＮＨＫのチコちゃんの決めゼリフだが、もう一声、

「いつまでも迷ってんじゃねーよ」

と大喝して欲しい物件がある。

それは例の「パセリ問題」である。

「例の」と書いたが、

「何が『例の』なのかわかんねーよ」

と、またしても怒られそうなので説明すると、ホラ、例のオムライスとかハンバーグなどの横に添えられているあのパセリ。

全ての日本人に告ぐ。

あのパセリにどう対応したらいいか、これまで迷ったことは一度もないと言い切れる日本人がいたら一歩前へ出よ。

あのパセリを全ての日本人はどう思っているのか。

対応の仕方は基本的には二つしかない。

「食べる」

「食べない」

この二者択一ですっきりするなら誰だって苦労はしない。

「食べる」と決めている人の対応はラク。

食べると決めているわけだから、食事中のどの段階で食べてもよい。「食べない」と決めている人は食事中ずうっと迷いに迷う。

「食べない」と決めているのに迷う。

まずその心情からして複

雑きわまりない。

「迷惑に思う」「邪魔である」「目障りである」「当然のようにそこにいるその態度が憎らしい」ので「ときどき睨む」「ときどきフォークで邪慳に突いて苛める」という人もいる。

食べないと決めているのだから「無視する」が最善策なのだが、そうもいかないところにパセリ問題の複雑性がある。

迷うんですね、食べないと決めているのに。

何しろ、食事中ずうっと目の前にちらつく。

見ようと思わなくても目に入る。

目に入ると迷う。

ま、たまーには食べてみっか。ビタミンB_2とかカルシウムとかミネラルが野菜の中でもトップクラスと聞いたこともあるし……など思いながらパセリをじっと睨んでいるうちにいつのまにか手が出ていつのまにか口の中に入っていた、ということがよくある。

「だが」と思い直す。

「必ずまずいんだよね。苦いし、青っぽい匂いがするし、口の中でモサモサするし」

と、すぐに思い直し、すぐに無視してオムライスを食べ始めるのだが、またすぐにパセリが目に入る。

全ての日本人に告ぐ。

パセリの長い長いこの逡巡の歴史に、今こそ結着をつけるべき時期が来ているのではないか。

この時期を逃すと、再び長い長い混迷期に入っていって、必ずや、

「いつまでも迷ってんじゃねーよ」

とチコちゃんに叱られる事態になるのは必定である。

このへんで、ぼくのパセリに対する立場を明確にしておきたい。

ぼくは「食べる派」でもなく「食べない派」でもありません。

「気の毒に思う派」です。

だって気の毒じゃありませんか。

あなたはパセリの立場に立ってその心情を考えてあげたことがありますか。

パセリだってちゃんとわかっているのです、自分がどう思われているかを。

ときにはフォークで邪慳に突かれた経験があるわけだし。

そういう立場をちゃんとわかっていながら皿の上に出場させられるのです。どんなに辛（つら）い思いをしていること

か。

知り合いなわけですよね、食べる人とパセリの関係は。

もう何度も会ってお互いに顔見知りの間柄なのに、会っても無視されるというのも辛いはず。

ということは「無視」が最善の策である、ということも言えなくなる。

では、どうしたらよいか。

もう、ずうっと前のことだが、ぼくはあるラーメン屋で、

「ラーメン、ナル抜き」

と注文している人を見たことがある。

その店はラーメンにナルトを入れて出すのだが、そのナルトを抜いてくれ、と言っているのである。

ラーメンのナルトを嫌がる人はけっこういる。

いわゆる本格的ラーメンを志向する人たちで、ラーメンにナルトが入っていると「本物っぽくなくなる」と思ってる人たち。

考えてみれば、ラーメンにナルトが入っていても無視すればいいだけの話なのだがそうはいかないらしい。

そこで、

「ラーメン、ナル抜き」

いいじゃないか、ナル抜き！

ぼくは基本的には「ラーメンのナルトは食べない」という方針で臨むのだが、やはり食べている間、ずうっとナルトが目に入る。

目に入ると煩悶が始まる。

特に憎いと思うわけではないのだが、こいつさえここにいなければこんなふうに迷わなくても済むのに、と思うと、つい、箸で邪慳に突いたりしてしまうこともある。

この経過、パセリのときとあまりにもよく似てはいないか。

寿司には「サビ抜き」というのがある。

「サビ抜き」はどんな寿司屋でも立派に通用している。

そこで、

「オムライス、パセ抜き」

というのはどうか。

これなら、最初から出場しないわけだから、店の立場も、客の立場も、パセリの立場も守られる。

日本におけるパセリの諸問題一挙解決。

◉柿ピー問題解決す？

先週に続いて朗報です。

しかも大朗報。

全日本人が約半世紀にわたって悩み続けてきた問題が、先週に続いてまた一つ解決の運びになったのです。

「先週に続いて」と言うけど、ワシその「先週」というの知らんもんね、という読者のために説明します。

ハンバーグやオムライスの皿についてくるパセリ、あのパセリを食べるか食べないかで日本人はこの半世紀悩み続けてきたことは諸賢ご承知のとおりです。

食べる、と決めている人には何の悩みもないが、食べない、と決めている人が悩む。

食べない、と決めているのに、いざ皿の上にパセリが出てくると、たまには食べてもいいな、いや、やっぱりやめとこ、でも栄養豊富だって聞いてるし、と悩むこと半世紀、これから先もずっと悩むはず。

その悩みが先週一挙に解決したのです。

どう解決したのか。

お寿司方式で解決しました。

お寿司を注文するとき「サビ抜きで」と注文することがありますね、あの方式でハンバーグやオムライスを注文するときに「パセ抜きで」と申し出る。

何しろ皿の上にパセリがないわけだから悩もうにも悩みようがない。

というのが先週のこの見開きのページのテーマ。

ではいよいよ今週の大朗報。

今週は柿ピーがテーマで

す。

今週は柿ピー問題を一挙に解決します。

柿ピー問題というのは、柿ピーを食べるとき、柿の種5に対しピーナツを3にするか、柿の種4に対しピーナツ2ではどうか、と、食べるたびにいちいち悩む例の問題です。

日本人はこの問題でも約半世紀にわたって悩み続けてきました。

聞くところによると、かの村上春樹氏でさえこの問題で悩んだことがあるそうです。

柿ピーの場合は柿の種とピーナツの二種類だけで悩むわけだからまだいいほうで、これがミックスナッツになるともう大変。

クルミ2、カシューナッツ1、アーモンド3、ピスタチオ2でいくか、それともクルミ1、カシューナッツ2、アーモンド3でピスタチオ3というのもわるくないな、と一晩中頭グルグル状態になるのが日本人。

ぼくはあるときあるホテルのバーのカウンターで、四人の外国人が出された柿ピーを食べるのを見たことがあるが、誰一人として手に取った柿ピーに目をやる人はおらず、ガサッとつかんでガサッと口に入れていた。

そのとき「これが柿ピーの正しい食べ方なのだ」と思った。だが、この方式は日本人にはムリ。どうしても手の中の柿の種とピーナツの比率を見てしまう。

そんな小さなことを気にしているようでは、日本人はいつまでたっても大局的に物事を考える大きな人間にはなれません。

今こそ日本人はチマチマした「柿ピー問題」を頭から放棄すべき時なのです。

2018年9月24日、この日をもって全ての日本人は柿ピー問題から解放されることになった。

奴隷解放はリンカーンであったが、柿ピー解放は亀田製菓であった。

柿ピーの名門亀田製菓が「TANEZACK（タネザック）」という〝柿の種とピーナッツを合体させたもの〟を考え出して発売したのです。

柿の種とピーナッツをザクザク砕いて細かくして丸く固めて団子状にしてあり、その大きさ直径1・5センチ、つまり柿の種とピーナッツをいっしょに口に入れる。
柿の種6にピーナッツ4か、ピーナッツ3かと悩む必要がないわけです、というか、悩もうとしても悩みようがないわけです、もはや。
亀田製菓によって全日本人の課題であった柿ピー問題はかくして解消されたのだが、一つだけ大きな問題点がある。
それはこの「TANEZACK」の容器（カップラーメン風のカップ）のどこを探しても、柿の種とピーナッツの比率が表記されていないことだ。この比率こそが、この商品のキーポイントではないのか。

半世紀にわたる全国民の悩みの種であった柿の種とピーナッツの比率問題であるからこそ、ここはひとつ、全国民の意向を反映させるべく、国民投票とか、柿ピー総選挙とかをやってその比率を国民に問うべきではなかったのか。

確かにこの製品によって、何の悩みもなく、柿ピーを口に入れることができるようになった。

何しろこれまでバラバラであったものが一つのカタマリになっているわけだから、その分だけでもラクになった。

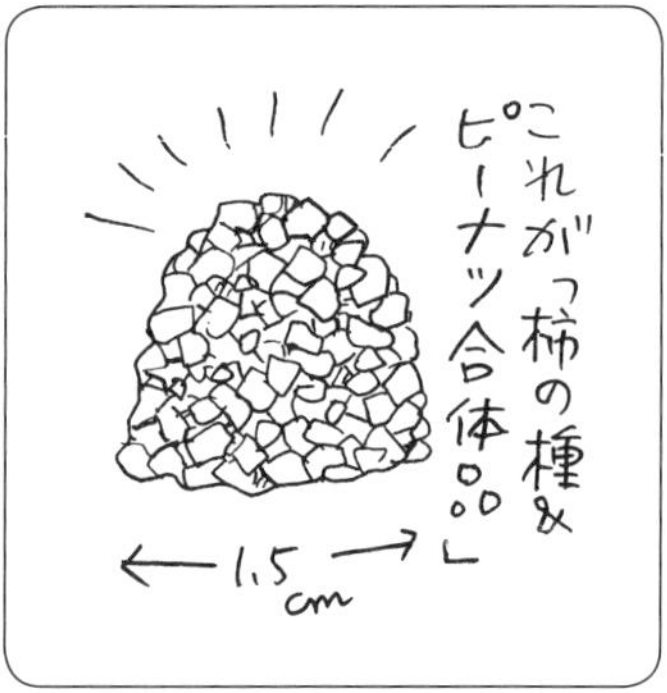

これが「柿の種&ピーナッツ合体。」
←1.5cm→

そうやって噛んでいると、やっぱり自分で配分した比率でないせいか、柿の種とピーナッツの配分が、自分の配分と合わない部分がある。

ここに柿の種がもう2個あるとちょうどいいんだが、とか、これだとやっぱりここにピーナッツをあと1個だな、という気になってくる。

そういえば買い置きがあったな、と思い出し、柿ピーの入った袋を持ってきて、とりあえず柿の種を二つ口の中に足してみる。

うん、こうなると、やはりピーナッツをあと一つだナ、とピーナッツを一つ口の中に足す。

まてよ、これだと元の木阿弥？　焼けぼっくいに火？　ご破算でねがいましては……。

◉マカロニの時代

「歌は世につれ世は歌につれ」

とか申します。

「言葉は世につれ世は言葉につれ」

と、こっちのほうはやや舌にもつれるところはありますが、これまた一つの真理であります。

うっかりしていると、つい、

「アベックが……」

とか言ってしまい、

「カップルでしょ」

と言い直される。

「スパゲティでも食うか」

と言うと、

「パスタでしょ」

と直される。

今回はそのパスタがテーマです。

わたしら老輩は人生の大半を現行のパスタをスパゲティと称して過ごしてきた。

そうか、今はスパゲティのことをパスタと言うのか、そういうことならこれから先の残り少ない人生を「パスタ」と言い直しながら生きていくことにしよう、そう思いを新たにしていると、それが間違っている、と言われる。

どう間違っているのか。

パスタは「小麦粉などを主体にした練り物の総称」

であって、パスタ＝スパゲティではない、というのだ。

わたしら老輩は、

「そういうややこしいことは考えないで生きていきたい」

と願うのだがそうはいかないと言われる。

こういうややこしいことは、ややこしいことをわかりやすく解説してくれる予備校講師の林修先生に解説していただきましょう、ということになったので、ここから先は林先生の講義だと思って聞いてください。

パスタとは小麦粉などを主体にした練り物の総称である、ここまではわかりましたね。

パスタは大きく分けて二つに分類されます。

ロングパスタとショートパスタです。

ロングパスタは太さによってスパゲティーニとかカペリーニとかフェトチーネなどに分かれます。

ショートパスタのほうはもっと複雑で、マカロニ（円筒形）、ペンネ（ペン先型）、ファルファッレ（蝶型）、コンキリエ（貝型）などまだまだいっぱいあります。

そこの居眠りを始めたおじいさん、そう、あなたです、ここからが面白い話になりますよ、これら無数極まりないロングパスタ、ショートパスタの中から、日本人はたった二つだけを受け入れたのです。それがスパゲティとマカロニということになります。

ロングパスタの一種スパゲティを受け入れた理由は簡単。
よく似たうどんがあったから。
日本人はもともと長い麺状のものが好きだったから。
問題はショートパスタのマカロニのほう。
ショートパスタはさっきも書いたように何十という種類がある中から唯一マカロニが選ばれたことになるわけで、言ってみればＡＫＢ48の中から総選挙で選ばれたセンターとでも言うべき存在。

このセンターの特色は何と言っても体の中に穴があいているということ。

それまでの日本における麺類史の中で、チューブ状の麺というものは皆無だった。そこに突如現れたチューブ麺、それを日本人はウェルカムで受け入れた。

これは大きな謎と言わねばなりません。

日本人はもともと保守的な民族であり、奇異なものを受けつけない傾向があります。

日本人の長い長いうどん史の中に突如現れた穴のあいた麺。

即、拒否、のはずなのに即、ＯＫ。しかもウェルカム。

いまやマカロニグラタンとマカロニサラダはお母さん料理の定番。

マカロニサラダはぼくにとっても定番、スーパーではポテサラとマカサラは並んで売られており、どっちを買おうか、といつも迷い、いつも決まってマカサラのほうを買ってくるというぼくのお気に（お気に入り）。

その形が奇異であるがゆえに日本人に忌避されるはずのマカロニが、なぜかくも日本人のお気にになったのか。

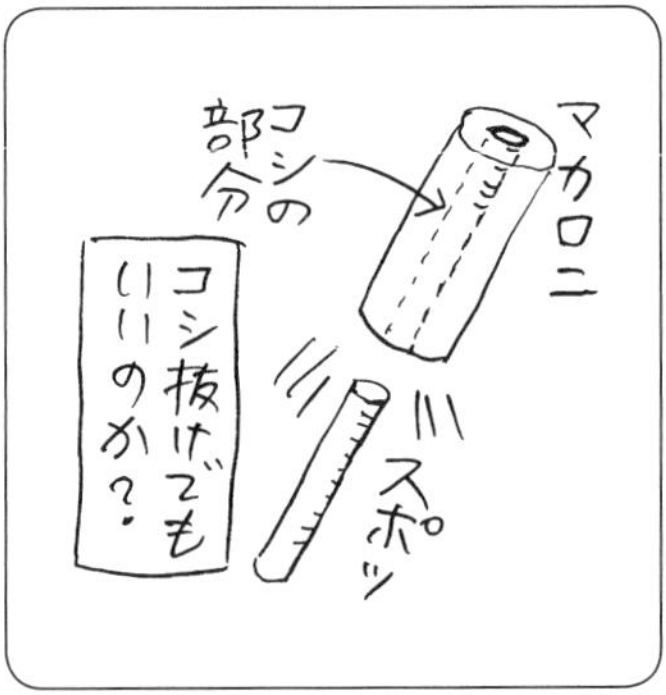

一説にチクワ説というのがある。

日本にはチクワというものが昔からあったので〝穴慣れ〟していたからという説。

穴に対する耐性があった。

この説だけで、マカロニウェルカム現象は説明しきれただろうか。もっと深遠で、日本人全体が「んだ、ンダ」と首肯する説明がなければならない。

とりあえず「日本人とうどん」ということを突きつめて考えていくことにする。

日本人はうどんに何を求めているか。うどんは何によって日本人の期待に応えたのか。

コシです。

うどんと言えばコシ。

「このうどんはコシがあっておいしい」

と日本人はしばしば口にする。

うどんのコシとは何か。

いろんな説があるが、噛んだときの噛み応え、弾力、はね返す力などのことのようだ。

ではうどんのコシはうどんのどこに存在するのか。

細長いうどんの中心部に帯のように連なっている、と考えられる。

となると、マカロニは、日本人の愛してやまないコシの部分を全部抜き取ったもの、ということになる。

おかしいではないか、日本人は。

この大きな矛盾をどう説明するつもりか。

こう説明します。

それほど日本人の懐は深くて大きいのだ、と。

◉カット焼き芋の時代

食べ物の夏の風物詩といえば西瓜。

食べ物の冬の風物詩といえば焼き芋。

この二つはまさに風物詩。

西瓜にも焼き芋にも、風物詩と言うにふさわしい風景が伴う。

風景を伴った思い出が思い出される。

西瓜なら夏の午後二時。

縁側、足ブラブラ、遠くからカナカナ、ガブリ、種プップッ。

焼き芋だと冬の夕暮れ、リヤカー、煙突、拡声器、石やーき芋、芋、芋、お芋ー、早く来ないと行っちゃうよー、新聞紙の袋……。

この二つにはもう一つ共通点がある。

両者ともにかぶりついて食べる。

西瓜の場合は半月形に切ったのを、両手で抱えるように持ってかぶりつく。

最初の一口目のかぶりつきには感動があった。

デワ、イヨイヨ、セーノ系のヨロコビ。

そのかぶりつき物であるはずの西瓜が、いつのまにかこまかくカットされて売られるようになって早くも十年以上。

いまや丸くてでっかい丸ごとの西瓜にはめったにお目にかかれず、スーパーに並んでいるのはカット物ばかり。

冬の風物詩の代表焼き芋の変遷はどうか。

こちらもまた時代の波を大きくかぶって変貌した。

西瓜と同様の仕打ちを受

けたのである。

ぼくはつい最近、その変わり果てた姿をコンビニで見た。

どう変わり果てたか。

あの、堂々の、丸くて太くて重いはずの焼き芋が、こまかく乱切りにされ、パックに詰め込まれ、レトルト食品となってコンビニの棚に並んでいたのである。

焼き芋の「こま切れ」。

最近焼き芋屋をすっかり見かけなくなったと思っていたら、こんな姿になって生きのびていたとは知らなかった。

最近のスーパーやコンビニは、何でもこまかく切って売ろうの精神に満ちあふれている。

大根当然、白菜あたりまえ、ぬか漬けのキュウリもタクアンさえもこちらで切っときました。山芋なんぞは切っても売るし、すりおろしても売る。

消費者のお手間はとらせません、こっちでやっておきます、という親切心から、という見方もできるが別の見方もできる。

おためごかしという見方である。

おもねる心、媚びへつらう心という見方もできる。

媚びへつらわれると大抵の人は、嬉しいのココロになり、また買ってあげようのココロになり、売る側はシメシメのココロになるので結局、双方メデタシメデタシのココロになる。

この現象ははたしてメデタシメデタシなのだろうか。
筆者はこのことを深く憂う者である。
このことによって、何か大切なものが失われてはいないか。
原形の時代に話を戻そう。
原形の時代とは丸ごとの時代のことである。

焼き芋丸ごと一本を手に持って食べていた時代。

当時の人々は、丸ごと一本を手に持った時点で、立案、決定、決行、平定ということを考えた。

立案というのは焼き芋のどのあたりにかぶりつくか、であり、次に決定があり、次の決行は実際にかぶりつくことであり、平定というのは、かぶりついたあとの形の維持、すなわち無闇矢鱈にかぶりつくと形が不安定になり崩落のおそれがあるのでそれを防ぐための配慮ということになる。

つまり焼き芋に丸ごとかぶりつくということを、一つの事業を起こしてそれを達成することと見做(みな)す。

そう考えると、焼き芋二本を食べると二つの事業を起こしてそれを成功させたことになる。

これを繰り返していると、将来大きなことを考える人間になる訓練になるではないか。

カットした焼き芋ばかり食べていると将来どういう人間になるか。

何の考えもなく、ただ口に放り込むだけ。

次の一個も何の考えもなくお口にポイ。その次も。

立案もなければ決行もなく平定の心構えもない。

次第に物事を順序立てて考えられなくなり、ゆきあたりばったりの人間になる。

焼き芋を丸ごと食べるか、切ったのを一口ポイで食べるかによって、人間にこれだけの違いが出てくるのだ。

西瓜でも焼き芋でも大根でも小さく切って売る時代はスケールの大きい人間は出てこない時代なのだ。

何でも小さく切って売る時代が続くと、原形、西瓜なら西瓜の元の形、焼き芋なら焼き芋の元の形を知らない人間が多くなってくる。

そうなるとどうなるか。

実はここのところを筆者は最も恐れる。

大きな焼き芋を一本、手に持って食べる場合を考えてみよう。

手に持ってずっしり重くて大きかったものが、食べていくうちに次第に小さくなっていく。

目の前で少しずつ小さくなっていって、重さもなくなっていってやがて視界から消える。

このとき人は何を思うか。

諸行無常。

形あるものは滅す。

栄枯盛衰。

繁栄はいつまでも続くものではない。

道徳の教科書の教材として焼き芋が登場する日は近い。

◉「悪魔のおにぎり」人を化かす

これまでのおにぎりのネーミングは単純だった。

「梅干しのおにぎり」「メンタイコのおにぎり」「おかかのおにぎり」「昆布のおにぎり」。

わかりやすいネーミングという意味ではこれ以上わかりやすいネーミングはない。

最初に具の「梅干し」を言い、次に総称としての「おにぎり」を告げ、「の」でつないだだけ。

アイデアとか工夫は一切なし。

こういうのんびりした無風地帯に突如現れた「悪魔のおにぎり」。

誰だって、ナンダ、ナンダ、どういうことだ、と色めきたつはず。

「悪魔のおにぎり」はコンビニのローソンが２０１８年10月16日から発売を始めた新種のおにぎりの名前です。

そうしたら爆発的に売れに売れて、発売から13日間で２６５万個を突破した。

この２６５万個という数字、どういうふうに驚けばいいのかちょっとわからないところがあるが、とりあえず驚いておいてください。

これまでのローソンのおにぎりの売り上げ第一位は「ツナマヨのおにぎり」だった。

過去20年間、その地位は不動だった。
そのトップを「悪魔のおにぎり」がアッという間に抜いたというのである。
そうか、それは大変なことだな、で、その「悪魔のおにぎりの具」は？　ということになると思うが、お客さん、ちょっと待った。ハイ、この線から下がって下がって、と、ここから急にテキヤの寅さんの口調になります。
それを言っちゃあおしまいよ、ね、お客さん、それを言っちゃうとこの話おしまいになっちまうんだけど、今日は大安吉日、めでたいついでに言っちまうと「悪魔のおにぎり」に具はありません。あ、ダメダメ、帰っちゃダメ、話はここからが面白い。

　おにぎりの具というものは、ふつうおにぎりの真ん中のところにある。
ところがこの「悪魔のおにぎり」は具が全体に散らばっている。そう、おにぎりに混ぜてある、そうです、混ぜごはんのおにぎり。五目おにぎりとかいうものがありますね、あのたぐい。え？だからその混ぜてあるものは何か？だって？　だからそれを言っちゃうとおしまいになっちゃうんですよ、だから言わない、けど言わないとみんな帰っちゃうから言います。

　混ぜてあるものは天かすです。

　麺つゆで味をつけた天かすをごはんに混ぜて握ってある。それに、ホーラ、このように青海苔なんかも混ぜこんであります。え？　ナーンダだって？　つまんないのだって？　あ、ダメ、帰っちゃダメ、なぜ天かすを混ぜたおにぎりを「悪魔のおにぎり」と称するのか、ここです問題は、これを聞かないで帰ったら百年の後悔、末代の恥。

　ここんとこだな、この「悪魔のおにぎり」爆売れのキーポイントは、とぼくも思った。

　ただの「天かす混ぜおにぎり」だったらこんな騒ぎにはならなかったと思う。

　連日のようにテレビのワイドショーやバラエティ番組に取り上げられることはなかったはずだ。

　すべては「悪魔」の力だと思う。

　では「天かす」と「悪魔」はどこでどうつながるのか。

それをいまここで書いちゃうと、ホラ、そのように読者の皆様もページを閉じようとするでしょ、だからすぐには書かない。

もう少し引っぱります。

ここで日本におけるおにぎりの変遷について考えてみることにします。

日本のおにぎりの歴史は中央集権というかたちでスタートした。

ごはんを丸く握ってその真ん中に具を置く。

具の始祖はたぶん梅干しだったと思う。

猿蟹合戦に出てくるおにぎりも、ヘイヘイホーの与作のおにぎりも、具はツナマヨではなく梅干しだったはずだ。

つまり一食のおかずは一個の梅干しで賄った。

一人の人間の一食を梅干しが支配したのである。

その梅干しは一食のどこに位置していたか。

おにぎりの中央に位置していた。

まさに、中央で一食を支配する中央集権。

日本における東京都の現状を考えればすぐにわかることだが、中央集権は次第に行き詰まってくる。

立ち行かなくなってくる。

そこで考えられるのが地方分権である。権力機構を地方に分散させる。おにぎりにも同様の現象が起こりつつあった。

権力は中央に位置しなければならないものなのか。そういう発想から混ぜごはんのおにぎりというものが考え出されたのだ。

「五目おにぎり」しかり「山菜おにぎり」しかり「お赤飯おにぎり」もまた地方分権おにぎりということになる。

「悪魔のおにぎり」もまた地方分権型である。

あ、もうすぐ閉店の時間だ。

もうこれ以上引っぱる必要はないようだな。

「悪魔」と「天かす」はどこでどうつながるのか。

「悪魔のおにぎり」は、悪魔的なおいしさでヤミツキになって、ついつい食べすぎてしまうから。

これ以上のくわしい説明はどこからも聞こえてこないのでこれが全て。

味ですか。

たぬきうどん（含そば）の麺をごはんに置き換えた味以上で

もなければ以下でもない。
そうです、狸は人を化かすのです。

◉かくも長き不在

「かくも長き不在」

という映画がかつてあった。

ぼくは観てないのでくわしいことはわからないが、戦争で記憶を失った男の話らしいです。

内容は今回のこの原稿と関係ないので、とりあえず映画のタイトルだけ覚えてください。

覚えましたね。

そうしたらいったんそれを忘れてください。

すみません、今回はややこしくて。

では本題に入ります。

カップヌードルの日清がこのたび「麺なしどん兵衛」という製品を出しました。

売れてるらしいです。

「どん兵衛」は知ってますよね。

「どん兵衛きつねうどん」で有名なやつ。

そのどん兵衛シリーズの一環として「麺なしどん兵衛」を売り出したというわけです。

いいですか、落ちついてくださいよ、落ちついて頭の中を整理してくださいよ。日清の「どん兵衛きつねうどん」はうどんでしたよね。

その「どん兵衛」からうどん（麺）を抜いちゃったわけです。

さあ、カップの中には何が残ってるでしょう。

そうです、油揚げとつゆです。

そしてですね、ここからが大変なことになっていくのです。

その油揚げも抜いちゃう。

抜いちゃってその代わりに肉だし豆腐という豆腐を入れたのが今回売り出した「麺なしどん兵衛　肉だし豆腐」というやつなのです。

頭かなり混乱したんじゃないですか。

大丈夫です、こっちは冷静ですから。

ここでもう一つ、頭が混乱する話が入ります。

「天ぬき」というメニューがあります。

いわゆる蕎麦通といわれる人たちが注文するメニューで、普通の蕎麦屋のメニューにはなくて裏メニューと言うんですか、特別に注文すれば作ってくれるというやつ。

神田のまつやでは注文すれば出してくれるそうです。

それから立ち食い蕎麦の「富士そば」のちょい呑みをやってる店には天ぬきがあるそうです。

天ぬきとはどういうものか。

これがまたややこしくて恐縮なんですが、普通天ぬきというと天ぷら蕎麦から天ぷらを抜いたやつと思いがちだがその逆、天ぷら蕎麦から蕎麦を抜いたのが天ぬき。

神田まつやの場合で言うと、丼の中につゆが半分入っていてそこに海老天が2本ナナメに立てかけてある。

これが酒飲みには恰好のアテで、ときどき海老天をちょっとかじっちゃあ酒を飲み、つゆをちょびっとすすっちゃあ酒を一口、てんで酒好きにはたまったもんじゃない。

今回のどん兵衛シリーズの「麺なしどん兵衛」はその天ぬきの、たまったもんじゃないあたりをねらったのかもしれない。

そこでぼくもそのあたりをねらって買ってきました「麺なしどん兵衛　肉だし豆腐」。

ピリリと紙のフタを開ける。

中をのぞくと三つの小袋が入っているだけ。

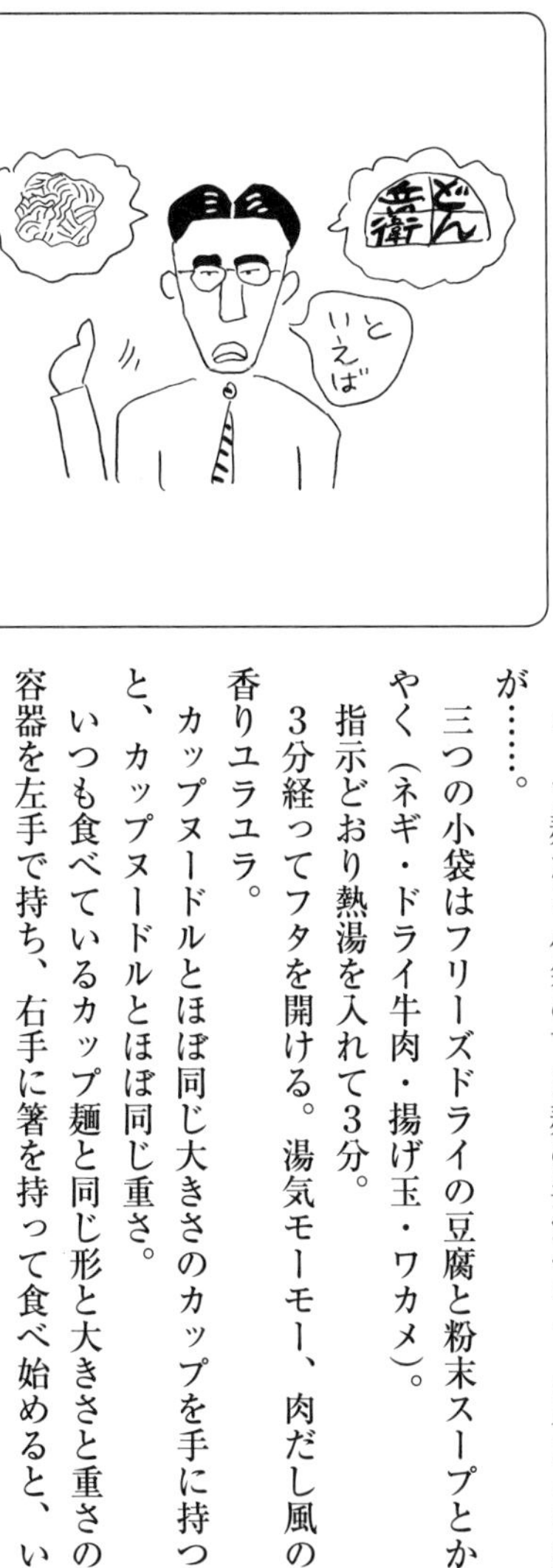

カップ麺だと小袋の下に麺の姿がチラリと見えるのだが……。

三つの小袋はフリーズドライの豆腐と粉末スープとかやく（ネギ・ドライ牛肉・揚げ玉・ワカメ）。

指示どおり熱湯を入れて3分。

3分経ってフタを開ける。湯気モーモー、肉だし風の香りユラユラ。

カップヌードルとほぼ同じ大きさのカップを手に持つと、カップヌードルとほぼ同じ重さ。

いつも食べているカップ麺と同じ形と大きさと重さの容器を左手で持ち、右手に箸を持って食べ始めると、いつのまにかカップ麺の気分になっている。

甦ってくるんですね、麺の気分が。

豆腐をつつき、つゆをすすったあと、ふと気がつくと箸の先が麺を探している。

そうだった、このカップは麺のないカップだったんだ、と思い直し、また肉片なんぞを噛み、つゆをすするとまた箸の先が麺を探してさまよっている。

カップ麺と長い間付き合ってきた箸が、そうかそうか麺を恋しがっているのか。

そういう箸も不憫だが、そういうふうな箸の動かし方をしている自分も不憫だ。

フリーズドライの豆腐は舌になめらかで、ちゃんと肉だしの味もしみこんでいてなかなかけっこう。

小さな牛肉のかけらも、ときどきちゃんと歯にはさまって存在を主張しているし、揚げ玉もニョロニョロとあちこち這いまわってそれなりのたぬきうどん的役割を果たしている。
相棒の麺を失ったつゆは、自分がしっかりしなければという思いからか、かつおと組んで肉だしスープとしての力量を遺憾なく発揮している。
だがいかんせん〝カップには麺〟という長い間の刷込(すりこみ)の力には負けてしまう。
麺に会いたい。

その会いたい相手に会えないのだ。食べている間中ずっと、何かが足りない、何かが不在している、そういう気持ちをふりはらうことができない。

いまはここに居ないが、ちょっとそのへんに出かけただけなのだ、そのうちちゃんと帰ってくるのだ、そう自分に言いきかせ、励ましながら、麺とはまるで違う嚙み心地の豆腐を嚙み、つゆをすする。

かくも長き不在。

◉柚子(ゆず)の大馬鹿

「桃栗3年柿8年」は日本人なら誰でも知っている格言である。

この格言は「何事も成就するまでにはそれ相応の年月がかかる」ということを人々に教えるためにある。

ぼくがここで疑問に思うのは、そのことを教えるのになぜ桃と栗と柿が選ばれたのか、ということである。

日本には果物がいっぱいある。

みかん、りんご、梨、梅、ぶどうなど、日本人にとって桃や栗や柿よりももっと身近でポピュラーな果物がいっぱいあるのになぜ桃と栗と柿なのか。

みかんは種を蒔(ま)いてから何年で実が成るのか。

桃や栗や柿よりもみかんのそれを知りたい。

なぜかというと、みかんと日本人は切っても切れない関係にあるからだ。

今はそうでもないが、日本の冬の原風景はコタツであった。

コタツとくれば何をさしおいてもみかん。

日本人の冬の生活からコタツとみかんを切り離すことはできない。

ぼくが調べたところによると、みかんは種を蒔いてから実が成るまでには10年から15年かかるらしい。

そうなると話がややこしくなる。

「桃栗3年柿8年」には、このあと「柚子の大馬鹿18年」が控えているからである。

こうなってくると日本古来のこの格言は、

「桃栗3年柿8年、みかんなんかは10年から15年、柚子の大馬鹿18年」

ということになって調子が狂ってくる。

なのでみかんを出さなかったらしいのだが、問題は柚子です。

柚子はこれまで取り上げてきた果物とちょっと傾向が異なる。

柚子はもっぱら香りと果汁で勝負する果物で実を食べない、というか実がない。

なのになぜ格言に採用されたのかというと、格言の中に「馬鹿」を入れたからなのだ。

格言というものはとかく堅苦しくなりがちで、そのため敬遠されがちなので「馬鹿」を入れることによって格言の大衆化をねらったのだ。

であるから「柚子の大馬鹿」の馬鹿は本当の馬鹿ではなく、「いやん馬鹿」の馬鹿、実が成るまでに18年もかけさせやがって、もう、いやん馬鹿ん、という愛称としての馬鹿なのだ。

柚子は日本人にとってそれほど身近な存在ではない。

日本の果物界では、身近というより日常生活からはやや縁遠い位置にいる。

みかんはどちらかというと大衆路線をゆくのに対し、柚子はあきらかに高級路線をゆく。

これは柚子の戦略なのだ。

実力はそれほどではないのに策略に優れている。

実力はそれほどではないのだが常に高位の者に近づいていく。

高位の者と常にいっしょにいることによって、一般大衆に自分も高位の者だと錯覚させるという戦術をとっている。

政治家によくいますよね、総理大臣といっしょに写真に収まって、自分はこのように偉い人と交き合っている偉い人なんだかんな、と振る舞う人。

柚子はどういうヒトたちと交き合っているか。

まず松茸。

松茸の土びん蒸しの土びんの上にちゃっかり。

あれはスダチだがスダチは柚子の一族、一族がちゃっかり。

わたしら一族はこのように位の高い松茸と常にいっしょ、ということを誇示する戦略。

柚子釜という戦略もある。

柚子釜というのは、柚子の中をくりぬいて器とし、そこに酢の物やサーモン入りマリネなどを詰めたりするものをいう。

釜のフタもその柚子を使い、手間ひまかかってます、高級です、ということを誇示する。

柚子釜は居酒屋のメニューにはまずない。

高級料亭のお座敷にはしょっちゅう出る。

居酒屋のメニューには載らない、というのが柚子の戦略である。

おたくらがコタツで食べてるみかんなんかとちがうんだかんな、という姿勢。

この戦略が見事に成功している例を示そう。

スーパーの中で二人の御夫人が買い物をしている。

片っぽうの夫人のカゴにはみかんが入っている。

この場合、そのみかんがその一家によってどのように食べられるかは容易に想像できる。

みんなで皮を剝いて食べる。

もう片っぽうの柚子夫人のほうはどうか。

どういうふうにその柚子を用いるか。

もしかしたら松茸の土びん蒸し。

もしかしたら柚子釜。

もしかしたらその両方。

どう考えても、安っぽいメニューは思いつかない。

どう考えても高級なメニューになる。世間は前者をみかん夫人、後者を柚子夫人と見なす。

柚子の戦略が見事に世間に浸透しているのだ。

「桃栗3年柿8年、柚子の大馬鹿18年」の格言にはもう一つ追加がある。

「女房の不作は60年」というもの。

もちろんこの追加はぼくが作ったものではないということを明言すると同時に、この追加に賛同して思わず手を叩いて喜んだ人は、いずれしかるべき団体からしかるべき処断を受けるであろうことは想像に難くない。

◉おかずの時代

日本の今の時代を一言で言うと、

「おかずの時代」

と言うことができるのではないか。

これまでの日本は「終戦の時代」「三丁目の夕日の時代」「バブルの時代」「リーマンショックの時代」と来て、今「おかずの時代」。

町を歩くとあちこちコンビニだらけ、数歩歩いてまたコンビニ、コンビニを過ぎて、またコンビニを見き、コンビニの林立なりけり、町行くはコンビニの林を行くことなりけり。

そのコンビニに入ると、店内はあたり一面おかずだらけ。

店内の半分はおかずで占められている。

スーパーに行くと、見渡すかぎりおかず、おかず、またおかず。

デパ地下に至っては一望千里おかず累々（るいるい）、おかず層々。

まさにおかずの殿堂。おかずの宮殿。

そのまっただ中にいると〈世界はおかずで出来ている〉と錯覚する。おかず大国日本（にっぽん）。

輝け！　おかず。きらめけ！　キンピラ牛蒡と叫びたくなる。
人間はおかずに囲まれると興奮するものらしい。
おかずの新聞というものも発行されている。
少しは驚いてくださいよ、新聞ですよ、おかずの。
その名も「惣菜産業新聞」。
とりあえず新聞の名前に注目してください。
おかずがすでに「産業」になっていることがわかる。
ある日のこの新聞の記事。
「2018年版惣菜白書に

よると、2017年の惣菜市場規模が10兆555億円であり、この金額は10年前と比べると126%を超えており、食産業全体の中でも成長が続いている唯一の産業となっている」

おかず界隆盛。

業界の隆盛は大量生産大量消費から生まれるはずなのだが、おかずの世界は「大量消費」の部分がちょっと違う。

おかずの場合の大量消費は極小単位の積み重ねによる、というところが違う。

早い話がカキフライ。

昔はカキフライは最低6個ぐらいがワンパックになっていたが、今は2個でワンパックはざら。

鶏の唐揚げも2個から。

豆腐も年々小さくなりつつある。

ひじきの煮たののパックも小さくなった。

ポテサラのパックも超小型になった。

おかず全体が、子供のおままごとみたいになってきている。

ファミマでは、梅干し1個売りパックというのを見かけた。

カップ入りの納豆も年々小さくなってきて、つい最近見かけたのは、日本酒を飲むときのぐい飲みぐらいの大きさで、思わず買って帰って思わず何粒入っているか数えてしまいました。

20gで87粒。

こうなってくると、納豆を粒数を数えながら食べる時代になってきたことになる。

ついでに極小パック入りのしらす干しも買ってきたのだが、こちらも8匹とか9匹とか、数えながら食べることになる。

おかずの商品単位の極小化はなぜ起きたのか。

2018年11月26日の日経新聞の一面トップ。

「単身高齢者　1割を突破」

三大都市圏ではすでにこういう事態になっている。

それに加えるに、結婚しない男女の増加。そしてダイエット。

おかずの商品単位がどんどん小さくなっていくのは自然の理ということになる。ぼくが思うに、極小化の理由はこれだけじゃないと思う。

デパ地下でこういうおじいさんを見かけました。

そのおじいさんは、惣菜売り場で餃子を買おうとしていました。

焼き上がって何列にも並んでいる餃子のひとつひとつをじーっと見つめたあと、

「この列の上から3番目のこれと、そのずうっと下のこれと、その横の列のこれね」

と飛び飛びに指定して計3個を購入した。

ややこしく注文してたった3個。

こういう餃子は機械で作っているわけだから大小はないはず。

なのに、

「いや、それじゃなくてその奥」

などと厳選している。

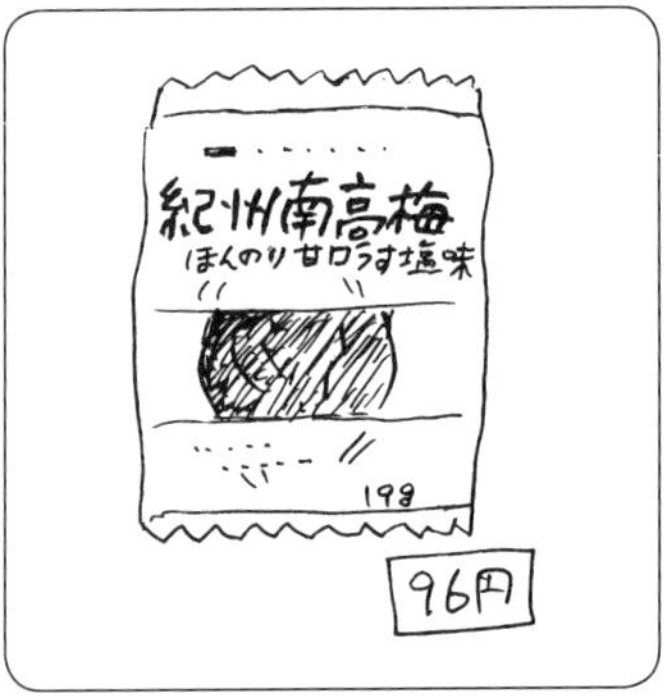

たぶん一個一個の焦げ目を重視していたのだと思うが、直接聞いたわけではないので正解はわからない。

たかが餃子に、しかも整然と並んでくっつき合っている餃子に、こういうややこしい注文をされたら、されるほうはふつう嫌な顔をするはずなのに、三角巾にエプロン姿のおばちゃんは素直に、くっついているのをいちいちはがして客の言うなりに取り上げてくれるのだった。

ということは、こういうじいさんの客に慣れている、ということになる。

ということは、こういうじいさんがいっぱいいるということになる。

この事実は何を示していることになるのか。

かつて「男子厨房に入らず」という時代があった。

この時代のおじいさんはどういうおじいさんであったか。

そのころのおじいさんは世界に目を向け、時局を論じ、国家の行く末を案じ、常に大局を見据えながら日々を送っていた。

今のおじいさんは、餃子の皮の焦げ具合を見据えながら日々を送っている。

◉てんこ盛りを考察する

とりあえず、

「てんこ盛り」

と口に出して言ってみてください。

言いましたね。

どうです、気分は。

どうです気分はと言われても、ただ困るだけだと思うが、言ったあと嫌な気分にはならなかったんじゃないですか。

どちらかというと、言ったあとのほうが言う前より少し明るい気分になったような気がしませんか。

よかったじゃないですか、てんこ盛りと言わされて。

言葉を男性名詞と女性名詞に分ける国があるが、言葉は陽気名詞と陰気名詞に分けることもできる。

てんこ盛りは陽気名詞。

ケチ盛りは陰気名詞。「ケチ盛り」と口に出して言ったとたん心が暗くなったのではないですか。

てんこ盛りは「天こ盛り」とも書き〔食器に食物（特に飯）をうずたかく盛ること。山盛り〕と広辞苑にあります。

「てんこ」とは頂上、てっぺんのことで西日本などの方言的言い方らしい。

だから「天盛り」でもいいわけなのだがそこに「こ」を付けた。

この「こ」が効いているんですね。

なんかこう、「こ」をつけて言ったとたん、童心に戻ったような、心のネジがゆるんだような。

では次の質問。

さっき「てんこ盛り」と口に出して言ったとき、具体的に何かてんこ盛り状態のものを思い浮かべたのではないですか。

てんこ盛り状態のものはいっぱいあります。

ぼくの場合で言うと野菜たっぷりタンメンのてんこ盛り。

大きなラーメンどんぶりの上に、モヤシやニラやニンジンやキャベツや玉ねぎや木くらげが、うずたかく山のように盛り上がっていて盛んに湯気を上げている。

あー、思っただけで心が温かくなってニンマリしてくる。

てんこ盛りと聞いたとたん、まっ先に野菜たっぷりタンメンのてんこ盛りを思いついた人はいい人です。

人柄もよく、心も穏やか、顔も柔和、お金もすぐ貸してくれてぜひお友達になりたいと思うような人。

その次にいい人は天ぷらの人。

てんこ盛りと聞いてまっ先に天ぷらの盛り合わせのてんこ盛りを思いついた人もいい人。

ぼくは居酒屋などで天ぷらの盛り合わせを頼んで、天ぷらが転げ落ちそうなほど超山盛りの盛り合わせが来たりすると超興奮するタチです。海老やらキスやらアナゴやらナスやらイカやらハスやらししとうやら椎茸やらが皿の上で押し合いへし合い重なり合いひしめき合って湯気を上げているのを見ると、あー、もー、ハー、どれから手をつけてくれようか、と息づかいが荒くなる。

そうそう、鶏の唐揚げのてんこ盛りもいーなー。嬉しーなー。

皿の上に唐揚げの大きいのや小さいの、形もさまざま、色もうんと焦げたのやあんまり焦げてないのやらがゴッゴッと山のように積み上げられていて、てっぺんの唐揚げが転げ落ちそうになっていて、店の人から皿を受けとるとき実際に転げ落ちたりすると超嬉しい。

いっぽう、てんこ盛りと聞いてまっ先にこういう想像をする人もいるはず。

寿司に軍艦巻きというのがありますね。ウニとかイクラとかがのっかってるやつ。

テレビの画面に「スシロー」の社長かなんかが出てきて、

「きょうは大サービスでーい」

かなんかで軍艦巻きの上にウニをどんどんのせていく。

あるいはイクラをどんどんのせていく。

軍艦巻きの上はウニやイクラのてんこ盛り。

それでもどんどんのせていくのでウニやイクラは軍艦巻きの側面をつたって流れ落ちる。

それでもどんどんのせていくのでウニやイクラは軍艦巻きの麓(ふもと)のところにどんどん溜まっていく。

てんこ盛りと聞いてただちにこういう想像をした人は、タンメンを想像した人とちょっと人種がちがうような気がする。

てんこ盛りという意味では同様のことをしていて、ウニやイクラは確かにてんこ盛りなのだが、見ていてだんだん心が冷えてくるのはどういうわけか。タンメンのてんこ盛りではあんなに心が温かくなったのに。

タンメンや天ぷらや唐揚げは湯気が出るがウニやイクラは湯気が出ないから。

一理はある。

ウニやイクラのほうは、作り手の「これ見よがし」の作意に反発をおぼえるから。

それも一理ある。

ぼくはこう考えたのです。

てんこ盛りの現場は活気がないと盛り上がらない。

てんこ盛りの現場はごった返していなければいけない。

てんこ盛りの現場は山積みでなければならない。

タンメンの現場には活気がある。

天ぷらの現場はごった返している。

唐揚げの現場も物情騒然である。

居酒屋のメニューに刺し身の盛り合わせというのがある。

大きな皿に様々な刺し身を盛りつけて持ってくる。

どんなに大きな大皿にどんなに沢山の刺し身を盛り合わせてもてんこ盛りとは言わない。

刺し身はどんなに沢山あっても平面的に展開するばかりで山積みにはしない。つまり積み上げない。

と、わかったところで、何がどうなったというわけでもないのだが。

◉グローバル時代の猫の使命

「猫に小判」という諺（ことわざ）がある。

「猫に鰹節」という諺もある。

いま、つい、諺と書いたが、この程度のものを諺と言っていいのだろうか。

諺というものはもっと格調の高いものでなければいけないような気がする。

格調はともかく、生活に馴染んでいるという面では、「猫に鰹節」のほうに軍配が上がると思う。

こんなものに軍配を上げてもしょうがないのだが、小判は実生活には登場しないが鰹節は登場するし、目にする機会も多い。

いや、多かった、と言い換える必要がある。

いまは削ったのはしょっちゅう見るが、削ってないカタマリのほうはめったにお目にかかれない。

いまの子供は鰹節のカタマリを見てもそれが何であるか理解できないと言われる。

人間が理解できないくらいだから猫も理解できない。

一応匂いは嗅ぐが、それをどうしようという考えは浮かばないらしい。

昔の猫は「猫に鰹節」だったかもしれないが、いまは「猫にキャットフード」。

朝から晩までキャットフード。

年がら年中キャットフード。

大昔の猫のごはんはネズミだった。

といまの人に言うと、

「まさか！」

と一笑に付される。

かつての日本は農業国だった。

米と麦と粟と稗(ひえ)を主食にしていた。

穀物はネズミの大好物である。

人間の大切な穀物を狙うネズミは人間の大敵である。

その大敵は猫の大好物でもあった。

ごはんでもあった。

人間の大敵を猫が退治してくれる時代があったのだ。

いまの猫は毎日何をして暮らしているのか。

何もしないで暮らしている。

もし国勢調査があって、そこに猫も記入することになったとすると、そこには当然職業欄がある。

いまの猫はそこに「無職」と書くことになる。昔の猫は堂々と「ネズミ捕獲業」と書くことができた。

当時の猫は、ネズミ捕獲業のかたわら、人間がくれるごはんも食べていた。

そのころの猫の餌は、人間の残りごはんに味噌汁をかけただけのものだった。

味噌汁は煮干しでダシをとったので、その煮干しが数匹ごはんの中に入っていた。

昔の猫はごはんと味噌汁と煮干しとネズミで生きていたのだ。

人間の残りごはんを食べる、ということは、人間がごはんを食べる時間に合わせて猫も食事をするということになる。

朝食は7時、昼食は12時から1時の間、夕食は8時、というように、昔の猫は規則正しい食生活をしていたのである。

いまの猫の、

「アラ、エサが無くなってる」

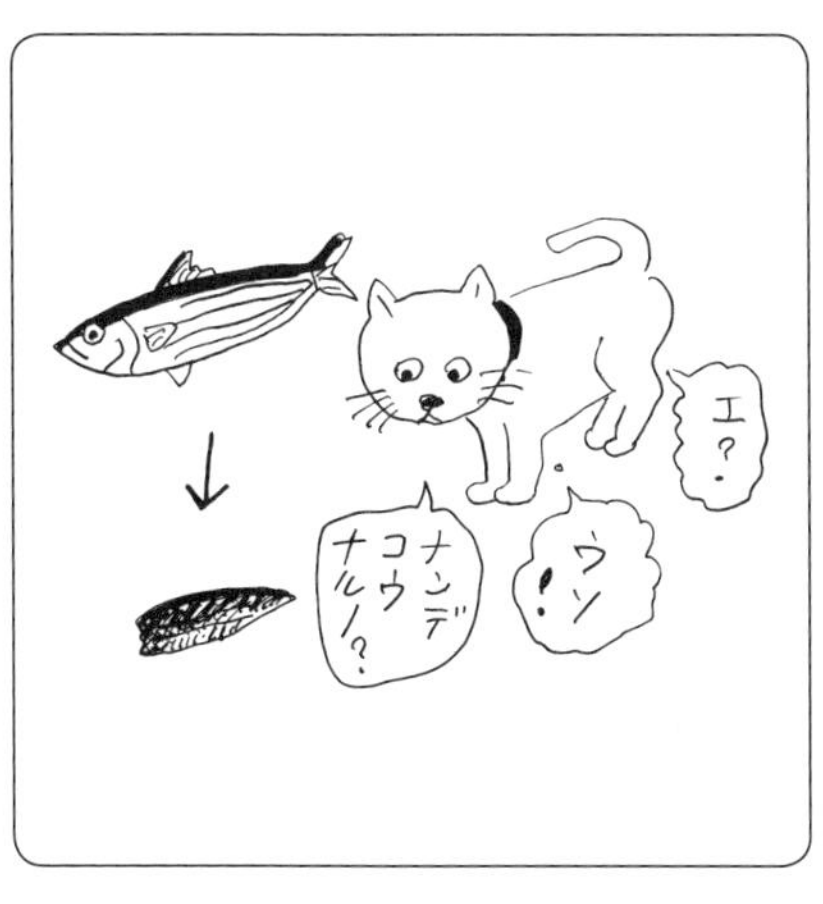

ということで、のべつまくなしにキャットフードをザラザラと皿にあけてもらって食べる食べ方とはまるで違っていたのだ。

そのころの欧米の猫はどういう食事をしていたのだろうか。

やはり人間の食事の残り物を食べていたにちがいない(ペットフードがまだなかった時代)。

だとすると、食べ残りのパンにスープをかけただけのものということになる。

だとすると、これは洋食ということになる。

日本の猫の場合はごはんと味噌汁だから和食ということになる。

外国の港町の猫も漁船の人から生の魚を放り投げてもらって食べたりしているようだから、あれは刺身ということになり、和食ということになる。

キャットフードは魚や肉やいろんなものが入っているから「多国籍料理」ということになるのだろうか。

グローバル社会は猫の世界にも押しよせてくる。

日本に住む外国人が増えれば、それらの人たちが飼っている猫も増え、そうした猫たちと日本の猫とのお交き合いも増えていくにちがいない。

そうなってくると、どうしてもエチケットの問題が起こってくることは想像に難くない。

キャットフードにはカリカリタイプとウェットタイプがある。いまのところ保存性の問題もあってカリカリタイプが主流になりつつあるという。

ウェットタイプは水分が多いせいもあって保存期間が短くなる。

という問題は人間側の都合であって、猫の嗜好の調査の結果ではない。

猫自身はウェットタイプのほうが好きなような気がするのだ

が、このことはグローバル化の問題とは関係がない。

問題は音である。

猫を飼っている人は知っているが、カリカリタイプは猫が食べるとき大きな音がする。

カリカリタイプという名前をつけるくらいだからカリカリという音がする。

猫が食べていると、一メートル四方にはっきり聞こえるぐらいの音である。

西欧の食事のエチケットとして、食事のときに音をたててはいけない、というのがある。

それともう一つ、猫は水を飲むときピチャピチャという音をたてる。

これもかなり大きな音である。

多分これは日本の猫も外国の猫も同じはずだ。

グローバル化を機に、猫をきっかけにして「食事時に音をたててもよい」という流れが生まれるといいのだが。

◉蕪(かぶ)さん大出世！

野菜界には、根菜類という一派がある。

多くの野菜が明るい地表で育つのに対し、もっぱら暗い地下で育つ一族。

育つばかりでなく、一生を地下で暮らす野菜たち。

「置かれた場所で咲きなさい」

と諭(さと)す人もいるが、何しろ地下であるから咲こうにも咲けないのだから釈迦に説法？

毎日毎日地下、昼も夜も地下暮らし。

そういう環境で育てば、どうしたって考え方は明るくならない。

性格もどうしたって地味になる。

大根、牛蒡、にんじん、じゃが芋、里芋、さつま芋、（にんじんは別にして）いずれも見た目は地味、身なりも貧しく、立ち居ふるまいもどんくさい。

いま、大根、牛蒡、にんじん……と6種類の根菜類を書きつらねたが、一種類、わざと書かなかったものがあるのに気づいた人はいるでしょうか。

そうです、蕪(かぶ)です。

そういえばあったな蕪、といま気がついたのではありませんか。

クラス会をやるといろんな人の名前が出てきて、「そうそう、居た居た！」と言われる人が多い中で、「そんなやつ居たっけ？」と言われる人が居るが、蕪はまさにそういう存在。

居たんです蕪君。

蕪君は何しろ地味、真面目、無名、性格大人しく引っ込み思案。

いま、つい無名と書いてしまったのだが、あの、ホラ、文章の中で、名前のな

い草花なんてあるはずがないのに、

「名もなき草花が咲き乱れ……」

などと書くように、つい無名と書いてしまったのは、そのくらい地味で目立たない野菜、ということを言いたくてそうなったのだが、もちろんあるんです蕪という名前が。

だけど名前の中に、「無」という字をちゃんと入れてある。

思わず無と書いてしまって、大急ぎで草かんむりをつけたんでしょうね（大急ぎかどうかはわからないが）。

そのぐらい無名で大人しくて地味でどんくさい蕪がこのたび脚光を浴びることになった。

脚光も脚光、大脚光。

いきなりノーベル賞の大晩餐会に大出席。

それだけでも大変なことなのに、晩餐会のメニューの主菜のメインの中心、いってみればAKB48のセンターとして大出席。

ノーベル賞の晩餐会はスウェーデンからの招待。

ということは、王様といっしょに晩ごはん。

王様といっしょの晩ごはんは、ヨネスケの「突撃！隣の晩ごはん」とはケタが違う。

場所はシャンデリア輝く宮殿のような大広間、その下で燕尾服、ローブデコルテなど、きらびやかに着飾った受賞者、招待客が寄りつどい、さんざめく世界に蕪が同席するのだ。

土の中から身を起こし、どんくさい生活をしていた蕪がいきなり世界のセレブの仲間入りということになったのだ。

ノーベル賞の晩餐会のメニューとはそもいかなるものか。

2018年、医学生理学賞、本庶佑博士のノーベル賞受賞晩餐会のメニューは次のようなものであった。

食事は前菜、主菜、デザートの三段階に分かれる。
主菜が毎回話題の中心になる。
その主菜は大きな皿に三つに分かれて盛られている。
その内容は（興味のない人は傍点のとこを見るだけでいいです）、
Ⓐスウェーデンカブにベイリーフクリーム。
Ⓑ根セロリにアンズタケのクリームとマッシュルームバター。
Ⓒローストした牛肩肉を西洋ネギのテリーヌなどで包んだもの。
例年の晩餐会の主菜は肉がメインだが、今年はシェフがなぜか、

「根菜をメインにしたい」

とかで「スウェーデンカブ」がメイン（ＡＫＢ48でいうとセンター）ということになった。

写真で見ても三つ並んだ中のどまん中に位置している。

蕪さん大出世、大抜擢。

根菜界は大騒ぎだという。

あの蕪が、あのみすぼらしい蕪が、あの何の取柄もない蕪が、と嫉妬ねたみ入り混じり、大根とかにんじんとか牛蒡ならまだわかるけど、

蕪のナントカ
というのも居酒屋になりそうな

「あの寸づまりが」

というのは背丈のことを言ってるらしい。

「特技がない」

ということも誹謗の種になっているらしい。

確かに、大根には味噌汁の千六本、牛蒡にはキンピラ、にんじんはビタミンを見込まれてジュース、じゃが芋ならコロッケ、さつま芋は焼き芋、里芋は煮っころがし、と、それぞれ出るところに出ればそれなりの評価を得られるのに対し、蕪にはとりたてて特技がない。

煮て食べようとすると、

「カラダが弱くて柔らかいのですぐ煮くずれちゃってもいいですか」

と遠慮するし、

「大根とブリみたいに誰かと組んだらどうだ」

と訊くと、

「お友達居ないし」

と弱気で引っ込み思案。

そうか、わかったぞ、そういうところを見込まれたのか。

「オレがオレが！」

の時代に何ごとにも控え目。

そういうところが現代の美徳。

現代では超美徳の〝謙譲の美徳〟にノーベル賞。

◉お節と災害時用食品の関係

いまから50年ぐらい前の日本の正月風景はどんなふうであったか。

一言で言うと、長閑（のどか）であった。

野原では凧（たこ）が上がり、道端では羽根つきが行われ、家々からはカルタ取りの声が聞こえてき、道行く人も少なく、町じゅうシンと静まりかえっていたものだった。

そのかわり一月一日の前日、大晦日はメチャクチャ忙しかった。

もう忙しくて忙しくて何が何やら目が回るような一日だった。

なぜかというと、いまから50年前の日本は、正月の三日間、全国的に商売という商売が休業するからだった。

つまり買い物ができなかったのだ。

正月の三日間を買い物なしで食いつないでいくための準備で大晦日が忙しかったのだ。

お節料理というものも、正月の三日間を買い物なしですませるための庶民の知恵でもあった。

いまから50年ほど前、日本にコンビニというものができ、それが次第に普及していった。

この流れとお節料理の衰退の流れはほとんど一致している。

いまは正月でもコンビニは営業しているので、正月用の食べ物を備蓄しておく必要がなくなった。

と同時にお節料理そのものが現代人の嗜好と少しずつずれていった。

そういうわけで、全国民、大晦日もノンビリ、正月も特に正月を意識することなく過ごすようになっていった。

ところがぎっちょん、ここへきて世間の様子が少しずつ変わってきたのだ。

日本の正月が50年前の正月に戻っていきつつある気

配がある。

すべては人手不足がその元凶。

人手不足が原因で、一年中元日以外はやっていたデパートが、正月数日間休むというところが出てきた。

これから先、スーパーも一日だけの休みから数日休む、というところも出てきた。

これから先、人手不足はますます深刻になるといわれている。頼みの綱のコンビニもこれから先どうなっていくか不安である。

やがて正月の三日間は全国的に商売という商売が休業する50年前の日本に後戻りする日がやってくる可能性が大きいのだ。その日はもう数年先かもしれない。

さあ、その日がついにきました。

さあ、あなたはどうするか。

いま、その正月です。

コンビニはやってません。

お節はここ数年準備したことがありません。

正月用の食べ物の買い置きもありません。

考えること三日三晩、そうしたら天啓がひらめきました。

天がぼくを通じて真理をお示しになりました。

「さだおや。災害備蓄食品をお節料理として用いなさい」

いくら何でもそれは無理だろう。

痩せても枯れても正月は慶事である。

その目出度かるべき日に、何も災いの象徴である災害備蓄食品を持ち出すことはないじゃないか。

「そこなのだよ、さだおや。昨年の『今年の漢字』は何であったか」

「『災』でした」

「災いはどうすればよいのかな」

「災いを転じて福となす」

そこで天の神様の声は消えた。

神様もバカではないから間違ったことを言うはずがない。

確かにそんなこと（慶事なのに縁起がわるい）を言ってる場合ではなかったのだ。

きょう食べるものがないのだ。

だけど、物置には「災害時用食品」があるのだ。

しかも災害時用食品といえども賞味期限がある。ときどき消費しなければならない。そのうえ、災害時用食品は普段食べないので食べ慣れておく必要もある。

ただお目出度い正月であるから、できることなら縁起のわるい方向から縁起のよい方向に持っていきたい。

なーに、簡単。

災害時用食品の代表と言えばカンパン。英字ビスケットというものがありますね、あのひそみにならって漢字カンパンというものを作っておく。

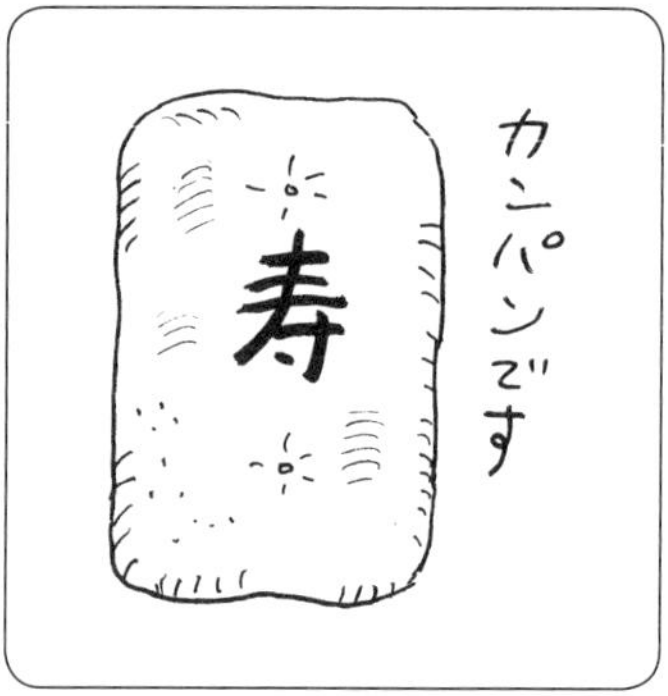

その字は「寿」。

これでもうカンパンは正月用の目出度食品となる。

災害時用食品セットというものを見てみると、カンパンの他にレトルトのカレー、パック白飯、缶詰スープ、缶詰食パン、羊かん、チョコレート、フルーツ缶詰、パック餅、ミネラルウォーターなどなどがあるが、これらの包装にことごとく「寿」の文字を印刷しておく。

ミネラルウォーターのボトルには「若水」の文字。

若水を知らない人は多いと思うが、若水とは「元日の朝に初めて汲む水」のことで、昔の正月の朝の行事として欠かすことのできない神聖な儀式でもあった。

本来のお節料理には、その内容の一つ一つに謂れがあった。

数の子は子孫繁栄とか、カマボコは紅白で目出度いとか……。

災害時用食品の一つ一つにそうした目出度系の謂れを付加するのはむずかしいが、なーに、これだって全部まとめて漆塗りで三段重ねのお重に詰めこんでしまえばたちまち目出度いお節となる。

問題は逆の場合。

すなわち災害時に「目出度い、目出度い」と書いてある食べ物を食べるのはいかがなものか。

不謹慎ではないか。

という声も出てくると思うが、なーにこれだって簡単。

禍福はあざなえる縄のごとし。

◉謎が謎呼ぶ謎メニュー

いきなりでなんですが、ある居酒屋の壁に貼ってあるメニューです。
いかのかき揚げ
肉じゃがコロッケ
腸詰
はんぺん
カニみそ
冷奴
このあとまだまだ続くのですが、この順番に注目してください。
何かヘンだと思いませんか。
ふつう、居酒屋のメニューというものは「枝豆」「ポテサラ」「もつ煮込み」などの、いわゆる「とりあえず物」からスタートし、そのあと「刺身」「煮魚・焼き魚」「天ぷら盛り合わせ」というふうにすすんでいって「鍋物」で最盛期を迎え、それから急に衰退していって「イカ塩辛」「ねぎぬた」などの珍味系に至るという、それなりの栄枯盛衰のストーリーを形づくっているも

のなのだが、この店のメニューは、冒頭いきなり「いかのかき揚げ」でスタートしている。

その次が「肉じゃがコロッケ」。

その次が「腸詰」「はんぺん」「カニみそ」「冷奴」という順番。

どう考えても順番がしっちゃかめっちゃか。

店主はどういう考えでこの順番にしたのか。ぼくはこのことに強い興味を覚えた。何か考えがあってのこのメニューであったに違いない。

このあとを少し続けると（冷奴の次です）、

ネギ味噌豆腐
奴めかぶ
字がかすれていて不明。
エボ鯛の一夜干し
えいひれ
干しするめいか

と、しっちゃかめっちゃかが続く。

「えいひれ」と「干しするめいか」

のところには「干物」という繋がりがあるので少しホッとしていると、次が、

とり皮のポン酢和え

再び真相は闇の中。

このメニューを掲示しているのは都内目黒区の「大衆割烹藤八（とうはち）」という店で、実を言うと某グルメ雑誌の表紙が宴会の写真になっていて、そこに偶然写っていたメニューを虫めがねで見ながらこうして書き写している、という次第なのです。

メニューを書き写しつつ、不意にハッと気付いたことがあった。

われわれは常日頃、メニューというものに安心しきっているところがあるのではないか。

高をくっているのではないか。

その最適な例が蕎麦屋である。

だいたい蕎麦屋ではメニューを見ない。見なくとも蕎麦屋のメニューは、「もり」「かけ」で始まり、「きつね・たぬき」に至り「天ぷら蕎麦」「カレー南蛮」に至る道筋が頭の中に入っている。

居酒屋にしてもそうだ。

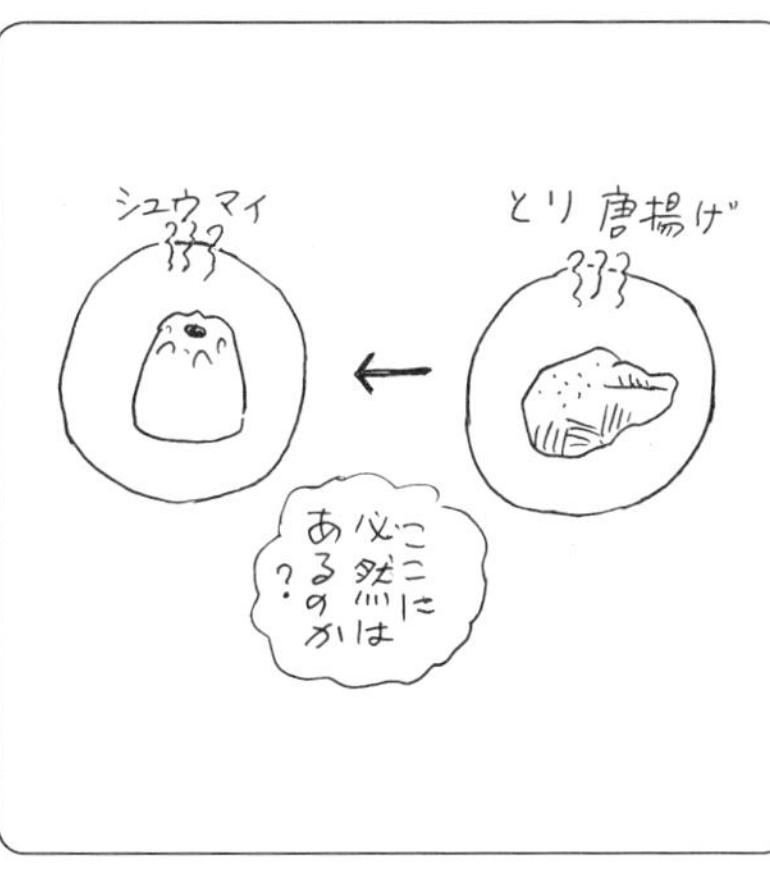

居酒屋のメニューのおおよそも頭の中に入っている。

つまりみんな油断しているのだ。

「居酒屋に入ったらまず枝豆だよナ」

「枝豆かポテサラのあとは焼きとりか刺身盛り合わせに行くんだよナ」

そうか、わかったぞ。

この店の店主は、こうした人々の安穏に警鐘を鳴らしたかったのだ。人間、どこでどう過ごしていても油断をしてはいけませぬ、ということをメニューによって示したかったのだ。たとえ居酒屋にあっても緊張を解いてはなりませぬ、油断したとたんひどい目に遭うことになりまするぞ、ということを言いたかったのだ。

巷では、居酒屋のメニューの冒頭は「枝豆」か「ポテサラ」が常識なのに、いきなり「いかのかき揚げ」をかませて人々の度肝を抜いた。そして、

「肉じゃがコロッケ」

「腸詰」

「はんぺん」

「カニみそ」

「冷奴」

と続けた。

いったい誰が「肉じゃがコロッケ」の次に「腸詰」が来ることを予想したであろうか。

「腸詰」の次に「はんぺん」が来ることを予見した人はいるだろうか。

「カニみそ」の次に「冷奴」が来る必然はあるのだろうか。

人々は次から次にくり出される不条理に驚き慌てふためき、恐れ入り、そして深く反省するのであった。

油断したオレがいけなかった。

反省したあと、急に目覚めるのであった。

不条理のメニューというものも、考えによっては楽しいものであると。

この店のメニューの中盤を見てみましょう。

生ハムエッグ
という一行を発見（虫めがねで）。

さあ「生ハムエッグ」の次には何が来るのか。

手がかりはまったくない。

ヒントもない。

さあ、何が来るのか。

どうです？　何が来ると思います？

ハムエッグであるから、何かそっち方面のもの、洋もの系？　たとえば串カツとか……。

何と「ホッキ貝刺」です。

ハムエッグのあとに刺身です、しかも貝です。予測まったく不可能、意表をついたつもりなのか、それともただのでたらめなのか、それさえはっきりしない。

「とり唐揚げ」の次が「シュウマイ」という流れも発見しました（虫めがねで）。どこでどう二者は繋がるのか。

いよいよもってこの店のメニュー不可解。

この店の店主不可解。

◉「おいしい」か「いしい」か

おいしそうな食べ物が目の前にあると、人は黙っていることができない。

何か声を発したくなる。

たったいま目の前に、熱い鉄皿の上でジュージュー言ってるステーキが置かれました。

肉の焦げるいい匂い。

これを見て無言……の人はいません。

「おいしそう！」がつい口をついて出る。

この「おいしそう！」は、一見目の前のステーキの感想を申し述べているように見えるが、実は叫びなのです。

犬がごちそうを目の前にして、

「ウーッ、ワンッ」

と吠えるのと同じです。

ここで全ての日本国民に問います。

「おいしい」について問います。

「おいしい」を広辞苑ふうに具体的に解説するとどういうことになるでしょうか。

広辞苑、引きます。

そこであなたはあまりにも意外な事実に直面して呆然となります。

「いしい」という言葉に直面します。

そして思います、

「いしいって何だ?」

そう思っているあなたに広辞苑は静かに語りかけます。

「おいしいは、『いしい』に接頭辞の『お』が付いたものである」と。

え？　ほんと？　と言ってもダメです。広辞苑、ウソつかない。

するとナニかい？　そのステーキを食っておいしかったりすると、

「いしい！」

と叫ぶことになるわけ？　という展開になると思うが、そのへんは常識で判断してくだはい。

はい、少しふざけてみました。

突然ですが「シズル効果」という言葉があります。

音や匂いなどによって消費者の五感を刺激し、それによって購買意欲を生じさせる販売戦略用語なのですが、確かにそれを実感すること、たびたびあります。

匂い、音、視覚によってわれわれの食欲は呼び起こされる。

立ち食い蕎麦屋の前を歩いていて、鰹節の利いた蕎麦つゆの匂いが流れてくるとつい立ち寄ってしまう。

鰻屋の前を歩いていて蒲焼きの匂いが流れてくるとつい立ち寄ってしま……いそうになるがこの場合は踏みとどまる。

値段が踏みとどまらせてくれる。

音の誘惑にもわれわれ消費者は弱い。

たとえば天ぷらを揚げるときのピチピチ、あるいはピリンピリンという音、あれ、たまらないです。

揚げたばかりのとんかつをまな板の上にのせ、包丁でサクッ、サクッと切っていく音、あれもたまらないです。

そこでです。

蕎麦屋のひそみにならって、天ぷら屋のピリンピリン、とんかつ屋のサクッサクッをスピーカーで流して店の前を歩いている人たちに聞かせるというのはどうでしょう。つい立ち寄る、という効果は十分考えられる。

居酒屋からは徳利から盃にそそぐトクトクという音が拡声されて聞こえてくる。

ビアホールからは、ジョッキで生ビールを飲むゴクゴクというノドの音が拡声されて聞こえてくる。

そういう点から考えると寿司屋は気の毒でならない。刺し身を包丁で切っても音がしないし、寿司を手で握っても音がしない。何とかして音をたてようと思ってもどうやっても音が出ない。

シズル効果に話を戻します。

この文章の冒頭のステーキ、あれだって熱い鉄皿の上でジュージュー言っているから「おいしそう!」になる。

あれが生だったら絶対に「おいしそう！」にはならない。生々しい生の肉の一切れが目の前に置かれ、それをじーっと見て「おいしそう！」と叫ぶ人はいない。

ましてやその前の段階、すなわち大きな肉のカタマリの時代、すなわち肉屋の大きな冷蔵庫の中にカギで吊るされている一本の大きな腿肉、あれをじーっと見つめて、

「おいしそう！」

と叫ぶ人はいない。

ましてや更にもう一つ前の段階、すなわち牧場でのんびり草を食(は)みながらときどきモーとか言ってる牛をじーっと見つめて、

「おいしそう！」

と叫ぶ人もいない。

視覚、音、匂い、そして臨場感が揃ってこそ「おいしそう！」が生まれる。

結論出たな、と、読者の方々も筆者も、やれやれ、なんて大きく背のびをしたところでハッとなった。

視覚、音、匂い、臨場感、ことごとく揃っているのに「おいしそう！」に立ち至らない場合もあるのだ。

かえって迷惑、という場合もあるのだ。

いわゆる町中華といわれている店のチャーハン。
チャーハンを注文する。
おやじ、大きな中華鍋を火にかける。
おやじ、まず鍋に油を入れ卵を割って入れる。
ジュッという音。
自分、カウンターから身をのり出す。臨場感満点。
おやじ、刻んだハムまたはチャーシューを入れて軽く掻きまわす。いい匂い。
おやじゴハン投入。
ここからです、問題は。
ガチャガチャ、ガキガキ、ゴンゴン、カンカン、鉄鍋に鉄杓子がぶつかって大音響。
「おいしそう！」とは程遠い大騒ぎ、大騒動。
人生いろいろ。
「おいしい」もいろいろ。

◉ルンバ豆をまく

いまや日本は、

「平成最後の○○」

でもちきりである。

こう平成が押し詰まってくると、何をしても「平成最後の○○」になる。

もっと押し詰まってくると、たとえば4月29日あたりになると、もはやすることなすこと「平成最後の○○」だらけになる。

昼めしに立ち食いそばを食べると、それは単なる立ち食いそばではなく、「平成最後の立ち食いそば」という名誉ある称号を与えられることになる。

夕方、もつ煮込みを食べれば「平成最後のもつ煮込み」となり、蛸ぶつをとれば「平成最後の蛸ぶつ」というふうに「平成最後」が目白押しとなる。

ここまで書いてきたのは、言ってみれば個人としての「平成最後もの」である。

もうすぐ節分。

節分となれば公的な対応を迫られることになる。

平成最後の節分にわれわれはどのような心構えで臨めばよいのか。

　節分と言えば、最近は大きな神社やお寺が人気タレントや力士を呼んで豆をまかせるのが大流行り(はやり)のようだが、各家庭での豆まきはどうなっているか。

　そういえば我が家ではここ10年以上豆まきしてないなー、という家が多いのではないか。

　10年位前までは、それでも節分の日の夕方には、何軒かの家から、鬼はソトー、福はウチーという声が聞こえてきたものだったが、最近は聞こえたためしがない。

豆まきという行事そのものが、あまりにも時代と合わなくなってきているのは事実だ。

煎った大豆をそのまま齧る、というのがそもそも時代に合わない。

豆まきという行事は、一家全員が揃ってないと成り立たない。

一家の主が家中の者をぞろぞろ引きつれて家中を回り、ときどき豆をばらまいては「鬼はーソトー」と叫ぶわけで、ぼくは長男ということでやらされたものだが、あれ、とっても恥ずかしいんです、だっていいトシをして鬼ですよ、居もしない鬼が居ることにして、外へ出てけー、と大声で怒鳴るんですから。

ま、それはともかくとして、平成の節分は家族全員が揃うということがまずない。

父親は残業、母親はパート、子供は塾。

まいた豆を拾って食べる、というのもいまどき不衛生な話だし、拾って食べないというのも世界的な食糧不足が心配されているのに不謹慎な話である。

来たるべき新元号の節分はどうあるべきか。このままのスタイルでゆくならば、遅かれ早かれ家庭内における節分の行事はいずれ絶滅するのはまちがいない。

このままいけば「節分は恵方巻の日」にとって代わられることになる。

春まだ遠い小寒い日の夕方、あちこちの家々から聞こえてきた、鬼はーソトー、福はーウチーの声もまた懐かしいものがある。

日本の古式床しくも懐かしいこの行事を存続する方法はないものか。

ロボットに豆まきを代行させるという案はどうか。ロボットであれば、家の者が誰もいなくても一人で豆まきを実行できる。

タイマーを午後6時に設定しておく。

午後6時、誰もいない部屋でロボットが豆をまき始める。

部屋の中をジージー動いていって、ときどき豆をばらまく。

その都度「鬼はソトー」「福はウチー」など言う。

そうだ、急に思いついたのだが、掃除機のルンバにやらせるというのはどうだろう。

ルンバに大豆袋を背負わせる。

音声機能をつける。

ときどき大豆を噴出させる噴出機能をつける。

誰もいない部屋でルンバがグルグル回りながらときどき大豆を噴出している。

その都度「鬼はソトー」とか「福はウチー」とか言う。

部屋中が大豆だらけになる。

ここです、ルンバが本業に目覚めるのは。ルンバはゴミ収拾の本能を急激に呼び起こされ、ただちに散らばった大豆を吸い取り始める。

部屋中の大豆を吸い取り終えると、ルンバは所定の収納位置に戻り、自らスイッチを切り、部屋は何事もなかったかのように静寂を取り戻す。

家の人が帰宅してみれば、部屋は出かけて行ったときそのまま。

何事もなかったかのように見えるが、実は留守の間に節分の儀式がまさしく執り行われていたのだ。

まく大豆にしたって本物の大豆である必要はない。

プラスチックを丸めて大豆のような形にしたもので十分。

何しろ相手は機械であるから、大豆もプラスチックもわかりはしないのだ。

そういえば、ぼくは子供のころから節分の豆まきについてずっと疑問に思っていることがあるのだ。

それは「福はウチー」という文言とそれに伴う行動である。

「鬼はソトー」のほうはわかる。

鬼に向かって出て行けーという意思表示として豆をぶつける。

一方、福のほうはウェルカムである。そのウェルカムの相手に向けても鬼と同様に豆をぶつけるのはヘンではないか。

この、日本の歴史的大疑問も、豆まきをロボット化することによって一挙に解決することになる。

相手は機械なのでそのへんのむずかしいことはわかりゃーしないって。

◉塩、コショウたちよ

ラーメン屋でも定食屋でも何でもいいんだけれど、そういうたぐいの店に入ったと思ってください。

テーブルにすわる。

そうするとテーブルの上の箸立てが目に入る。

その横の調味料セットが目に入る。

醬油の容器とソースの容器が並んでいて、識別のための「ショーユ」「ソース」という文字が貼りつけてあって、以下、塩、コショウ、七味唐辛子、酢、ラー油などの容器が居並んでいて、それらが小ぢんまりした台みたいなものの上に載せられている。

台の面積はせいぜいハガキ大なのに、そこに前記七種類の容器が押し込められているわけだからどうしても〝犇(ひし)めいている〟という感じになる。

この台はテーブルの上に浮かんでいる島と見えなくもない。

店によってはこの小島にヨージ入れが参入している場合もある。

ヨージ入れは調味料ではないのだが、好(よし)みって言うんですか、日頃の交(つ)き合い仲間ということ

わたしですか？
やっぱり印象が薄いのはコショウかな
うん！

で参加させてもらっている場合が多い。

　この台には正式な名称があって、業界では「カスター」で名が通っているらしいが、このカスター内の人選、一見何の考えもなく選ばれたように見えるが、実は選び抜かれた精鋭たちであることを知る人は少ない。

　選挙で言えば各選挙区の当選者たちなのだ。

　たとえば醬油は刺身区代表、ソースはフライ区（アジフライとか）、七味唐辛子はうどん蕎麦区及び焼き鳥区選出、酢、ラー油は餃子区というふうに、固い地盤によって支持されている、いわば調味料及び香辛料のエリートの集団なのである。

エリートたちが選ばれて小島の上で犇めき合っているのだ。

ここまで、あえて塩とコショウについて触れないできたのだが、塩とコショウの立場はまことに複雑である。塩とコショウこそ調味料、香辛料界の王者である。エリート中のエリートである。塩とコショウなくんば料理は成立せず、とのお墨付きがいずこからともなく出ている。それほどの実力者たちなのに、ひとたびテーブルの小島の上に居並んだとたん、その存在感が薄くなる。実際、ラーメン屋や居酒屋において、あの小島から塩やコショウを引き出して使用した記憶、どのぐらいあるでしょうか。

醤油やソースや七味やラー油はあそこから頻繁に引き出して使った記憶があるが、塩とコショウはめったに使わない。

コショウはラーメンのとき、ふりかけた記憶がわずかにある程度。

あと焼き鳥にふりかけようとして、焼き鳥にはやっぱり七味だな、と思い直して七味にした記憶。

実を言うとこの事実（テーブル上ではめったに使用されない）は塩もコショウも触れて欲しくない現実なのである。

この事実に触れたとたん、ラーメン屋や居酒屋におけるカスターというものの実態が明白になってしまうからだ。

ついさっき、カスター上に居並ぶ連中はエリートの集団である、と書いたばかりなので気が引けるのだが、本当のことを言うと、あのカスターは、本社に対する支社なのだ。あの連中は支社勤務の連中なのだ。

「地方に飛ばされる」

とか、

「島流し」

などという言い方で表現される会社の仕打ちにあった人たちが、あのカスターの上で犇めいていることになる。

飲食店における調理の殆どは厨房内で行われる。

つまり重要な業務は本社内ですでに完了しているのだ。

そして、これは非常に残酷なことを言うことになるのだが、ふつうの会社の場合は、いったん地方勤務になってもいずれ本社に戻る、とか、地方勤務の成績を認められて本社に栄転などの道があるが、ひとたびテーブル上のカスター勤務になった者は、どんなことがあっても二度と再び本社に戻ることはないという事実である。

塩とコショウからわれわれが学ばなければならないことはまだまだある。塩とコショウはあまりにも気軽に使われ過ぎる。

ステーキなどの肉を手にすると、気がつかないうちにいつのまにか塩コショウをふりかけている。

ハンバーグにも、トンカツの肉にもコロッケにも当然のように塩、コショウをする。

使い勝手がよすぎると、その功績が人々の記憶に残らないという事実、そして重要視されないという事実、会社勤めの人はこのことだけはしっかりと頭にとどめておくとよいかもしれない。

ついさっき、定食屋に入って、箸立ての隣の調味料セットが居並ぶカスターを眺めるともなく眺めているところなのだが、彼らから学ぶべきことはあまりに多い。

あんなものから学ぶことなんてあるのか、と、ふつう思いがちだが、こうして熱心に考察しようという気構えさえあれば、われわれはどんなものでも教材とすることができるのだ。

ふとラー油の容器が目に入った。

ラー油の、おお、何という存在感。

定食屋のラー油の容器は常にうす汚れていて貧しげだが、もし、ひとたび餃子を注文してラー油がここに存在しなかったら……と思っただけでラー油のはかり知れない実力、強力な存在感、その有り難みが胸に迫るのであった。

そして再び、塩、コショウの無力に思いを致すのであった。

◉エノキ変じてステーキとなる

嵐が活動休止する、とか、ＳＭＡＰがバラバラになった、とか、ＡＫＢ48の一人が卒業した、とか、最近の日本の音楽業界の内情についてはまるきり疎(うと)いのだが、はっきりわかっていることが一つだけある。

それは、最近の歌手は集団で売り出されるということである。

昔の歌手（昭和の時代）はみんな一人で出てきた。

例が古くて恐縮だが、三橋美智也も村田英雄も春日八郎もみんな一人で出てきて一人で歌っていた。

一人で出てきてじっと立って、じっと歌って動いたりしなかった。

最近の歌手はやたら大勢で出てくる。

大勢で出てきてやたら飛んだり跳ねたり回転したりしながら歌う。

昔の歌手と今の歌手の違いはもう一つ、昔の歌手は声がよかった。歌手は声がいい人がなるものだった。

声さえよければ顔のほうは目を瞑(つむ)ろう、という傾向があった。

ここで実名を出すのは気の毒だが菅原洋一という人がその典型だった。

今の歌手は顔さえよければ声も歌のうまさもどうでもいいということになっている。

顔のいいのをいろいろ取り混ぜて団体で売り出す。

「数（かず）で来い」

という営業が主流になった。

急にホーレン草の話になって恐縮だが、束（たば）売りっていうんですか、一束に束ねて結（ゆ）わえて売る。

えのき茸もそう。

えのき茸も団体売り。

椎茸の場合は一個ずつでも売るがえのきは一本売りしない。

えのき茸を買うときぼくがいつも思うのは、あの一株、どういう団体なのか、ということ。

ホーレン草はあれこれ取り集めて一束ということになるが、えのきのあの一つの株から発生している数百本、あれらはどういう関係なのか。一家なのか一族なのか、どういう縁、どういう絆で結ばれているのか。

彼らの結束力は固い。

離そうとしてもお互いしがみつき合って離れまいとするから血縁関係かもしれない。

ぼくは一度、あの一株から何本生えているのか数えようとしたことがあるが300本まで数えて諦めた。

500本は確実にあった。

AKBは48。

EKD（エノキダケ）は500。

EKDの魅力は何か。

われわれはえのき茸に何を求めているのか。椎茸の魅力というのはわかりやすい。

煮ても焼いてもおいしい。

干したものはダシを取るくらいだから滋味にあふれ、味の奥が深い。姿、形も各部がはっきりしている。傘のところ、軸のところ、根元のところと全体のガバナンスがはっきりしている。

えのき茸はどうか。

どう見ても全体が曖昧で統治がうまくいってるようには見えない。

頭部の小さくて丸っこいところは、あれは傘なのか、体のてっぺんのところがちょこっとふくらんだだけなのか、それさえはっきりしない。

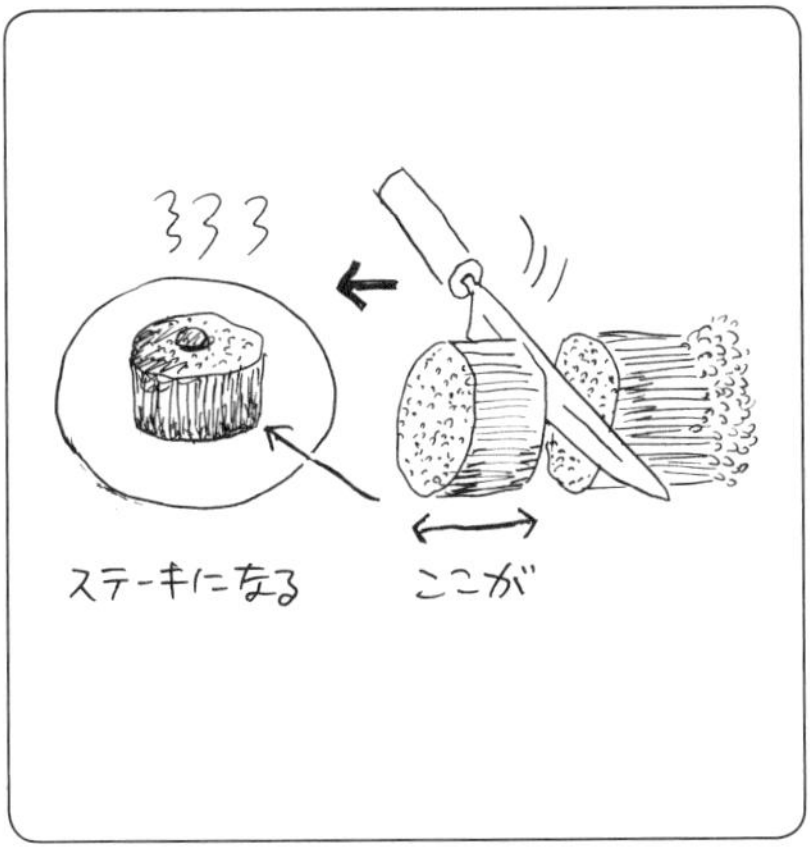

全体がただ白くて細長くヒョロヒョロしていて、弱々しくて健康美というものは感じられない。

食べ物にも健康美というものはあるはずで、たとえば大根などは健康美にあふれていて見て好ましい。茸にも健康美を感じるものがある。

ぼくの友人に、

「エリンギに肉体美を感じる」

というのがいて、

「エリンギを見ているとつい叶姉妹を思い出す」

と言う。

味はどうか。

巷には「香り松茸、味しめじ」という言葉もあるようで、しめじもまた椎茸と並んで推奨されるが、えのき茸の味について云々する人はいない。

無視、云々するに能わず、ということなんでしょうね。

えのき茸は鍋料理に多用される。

どんな鍋にもえのき茸は入っている。

椎茸も鍋料理に必ず入っているが椎茸は鍋の中に「居て当然」だが、えのき茸は「うんざり」という感想。そんなえのき茸に朗報です。

しかも大朗報！

ナゾのステーキ

うちの近所のスーパーで、直径11センチ、高さ5センチぐらいの木の切り株状のものが袋に入って売られているのを発見。

「コレハナンダ？」

手に取ってみるとズッシリ重い。

パックの表面に、

「かとうの厚切りステーキえのき」のレッテル。

ヒントはそれだけ。

「かとう？」「厚切り？」「ステーキ？」「えのき？」

このナゾを解きあかすと「このものはえのき茸の一株の下部のみを切断してパックしたもの」である。

「このものをステーキとしてバターで焼いて食べるとおいしい」ということが判明した。「かとう」とは株式会社加藤えのきのことで、このかとうのえのきを使った「月見ステーキ」というメニューが居酒屋チェーンの塚田農場の秋の名物メニューとなっていまや大評判、ということも判明。

話がややこしくなってしまったが、要するにえのき茸のいつも切り捨てていた根元の部分、その部分をステーキとしてバターで焼いて食べるとこれが大変な美味、という話です。本当においしいんだから、もう。

味つけは醤油だけ。

本当にみんなに試してもらいたいんだから、もう。

◉憧れの定食食堂

人は食事をする。外食もする。

どんな店で食べるか、それが問題だ。

ホント、大問題です。

なにしろ毎日のことであるから毎日悩む。

ぼくは昼食は外食と決めているので毎日悩むことになる。

今日はどこで何を食べるか。

フレンチかイタリアンかという選択ではなくて、牛丼屋か定食屋か、という選択。

本音を言えば迷わず定食屋。

牛丼屋はメニューの選択の幅が狭いが定食屋には何でもある。

それに堅苦しくないし、くつろげるし、安心だし、値段が安いし……。

「定食」という言葉も好き。

「定食」と聞いただけでもうすっかり安心しているのに、それに「屋」を付けて「定食屋」となると、もう矢でも鉄砲でもアジフライでも納豆でも何でも持ってこいというぐらい気が大きくな

る。

ちょっと高級な和食ファミレスあたりだと「刺身御膳」とか「天ぷら御膳」などという言い方をするわけだから定食屋でも「めざし御膳」とか「アジフライ御膳」という言い方をしてもいいのに、きっぱり「めざし定食」「アジフライ定食」。

そういう謙虚な姿勢も好き。

どんな分野にもファンはいる。

サッカーファン、歌舞伎ファン、宝塚ファン、定食界にもファンはいる。

だいたいサラリーマンでおとっつぁんで懐が暖かくなくて、という人種で、宝塚ファンとはちょっと違うが熱心さという点では宝塚ファンにヒケを取らないと言われている。

こういう定食屋ファンのおとっつぁんたちの間で密（ひそ）かに、しかし熱く語り継がれている名店がある。

いわば定食屋ファンのメッカ。

一生に一度は行ってみたい、ファンの誰もがそう思い、ぼくもまたずうっとそう思い続けてきた店の名は吉祥寺の「まるけん食堂」。

吉祥寺で50年以上にわたり愛され続けてきた名店中の名店である。

名前がいいじゃないですか、「まるけん」なんて。

意味はわからないがいい意味に決まってる。

これまで憧れつつも一回も行ったことがない理由はただ一つ、場所が不便ということだった。

吉祥寺駅から歩いて十分。

定食屋というものはわざわざ遠出して行くところではない。

そのうち、そのうちと思いつつすでに十数年、つい三日前、ついに行ってきました。

想像どおりの理想郷でした。

今回はその報告です。

とりあえずメニューをアトランダムに書きます。

ハムエッグ　２００円
オムレツ　２８０円
シラスおろし　１００円
オヒタシ（ほうれん草）　１００円
納豆　70円 
生玉子　50円
カレーライス　４８０円
目玉焼　２００円

ここまで読んできて興奮しませんでしたか。

ぼくは興奮しました。

ぼくには「安いと興奮する」という性癖があるので「オヒタシ　１００円」のあたりで興奮が極に達したのだが、興奮しなかった人は、ただぼんやりと、何も考えないで読み流したのではないですか。

いいですか、今どき、ですよ、今どき１００円。

シラスおろしは大根おろしもついていてそれでいて今どき１００円。

定食で言うと、
カキフライ定食　５００円
アジフライ定食　５００円
サバ味噌煮定食　４２０円
コロッケ定食（２個）　４２０円

もう、書いていて、かたじけなさに涙がこぼれヨダレもこぼれる。12時半ごろに行ったのだが店は満員。外で立って待ってる人さえいる。

定食屋の誠意は味噌汁の熱さでわかると言われているが手で持てないほどアツアツ。

ぼくは定食屋に行ったらメインは「サバ味噌煮」と決めている。

この日も当然「サバ味噌煮定食」でいくことに決めていたのだが、そのことを店の人に言う前に、一度、「『サンマの開き定食』もわるくないな」と思うことにしている。

「サンマの開き定食」も検討したのち、

「やっぱり『サバ味噌煮』だな」

と思い直してサバのほうを食べると、検討しなかったときより断然サバ味噌煮がおいしく感じられるからである。

こうした心理的な工夫を加えながら食べるのが定食屋で食事をするときのコツであることを、ぼくは長年の定食屋人生で学んだ。

定食屋の魅力はその安さにあることは言うまでもない。

だがそれだけでは50年以上も名店であり続けることはできない。

定食屋のほとんどは夫婦二人で経営しているところが多い。

その人柄が料理のどこかに表れていて、その人柄も味の一つになっている。だが定食屋の主人のほうは厨房にこもりっきりなのでその人柄はわかりにくい。

目玉焼き定食を注文した人がいたらしく、

「目玉焼き定食を注文したのはどちらさんですか」

と言いながらご主人が厨房から出てきた。

60がらみの温厚そうな人である。

「目玉焼きのここんとこ破れちゃったんだけど、かまいませんか」

と、わざわざ厨房から聞きに来たのだ。

ご主人の人柄、了解。

◉れんげの仕事場

何をやってもダメな奴、ドジな奴というのはどこにでもいる。

ダメでドジでどんくさい奴。

ラーメンを食べるときにれんげをつけて出す店がありますね、正式にはちりれんげと言うらしいが、あのれんげはあれでもナイフやフォークやスプーンなどといっしょにカトラリーと呼ばれている。

れんげをナイフとフォークとスプーンといっしょに一列に並べてみましょう。

どうです、れんげだけが何だかダサく感じられませんか。どんくさく思われませんか。

それだからして、ついさっき、わざわざ〝あれでも〟と書いたわけなのです。

機能美が感じられない。

形が曖昧だし、ここぞ、という場面がとっさに思いつかない。

ナイフなら切る、フォークなら刺す、スプーンなら掬(すく)う、といったここぞがない。

どうやら「掬う」が本業らしいが、それだって掬い方がすっきりしない。

性格もだらしがない。

ラーメンを食べるとき、ときどきれんげを使ってスープを飲んだあと丼のフチに立てかけておくと、十分気をつけているにもかかわらず、アレと思う間もなくずり下がって水没（湯没？）している。

柄のところまで深々と沈んでいて、このときの落胆は筆舌に尽くし難い。

自分を責める気持ちは少しもなく、

「ドジな奴！」

とれんげを責める。

れんげの中にはずり下がり防止のための引っかける

ところをつけたものもあるが、それでも何かの拍子にずり下がる。

どんくさくてのろい奴のはずなのに、このときばかりはスバヤクずり下がる。

ずり下がって、くどいようだが柄のところまで深々と沈んでいて、しかも堂々としていて少しも悪びれた様子がない。

途中までならまだ許す、途中で止まってさえいればまだ救いようがあるのだが、くどいようだが柄のところまで深々と、というところに、〝わざと〟が感じられるのだ。

柄のところまでビショビショだと手の施しようがない。

いっそ柄がないほうがいいのだが、それだといっそう手の施しようがなくなる。

だいたい、ずり下がる、というところがいかにも自堕落で、もともと真面目にやろうという気がないのだ、れんげという奴は。

それにれんげは置く場所に困る。

どこに置くのが正しいのか。

スプーンの底は丸みを帯びているがれんげの底は平らになっていて、置いていい、ということはわかるがどこに置いていいのか。

テーブルにじか、というのは抵抗があるし、と思いつつも結局はテーブルにじかに置くことになり後味のわるい思いがいつも残る。

店によってはれんげ専用の置き台（名前不明）がつくこともあるが、置き台もつけてください、と店の人に言うときに名前がわからないのでかなりややこしいことになる。

ぼくはラーメンを食べるときれんげは使わない主義だ。

ラーメンのスープは、れんげで掬って飲む場合と、丼にじかに口をつけて飲む場合とでは、じかのほうがおいしいような気がするからだ。

なぜだろう、と考えた。

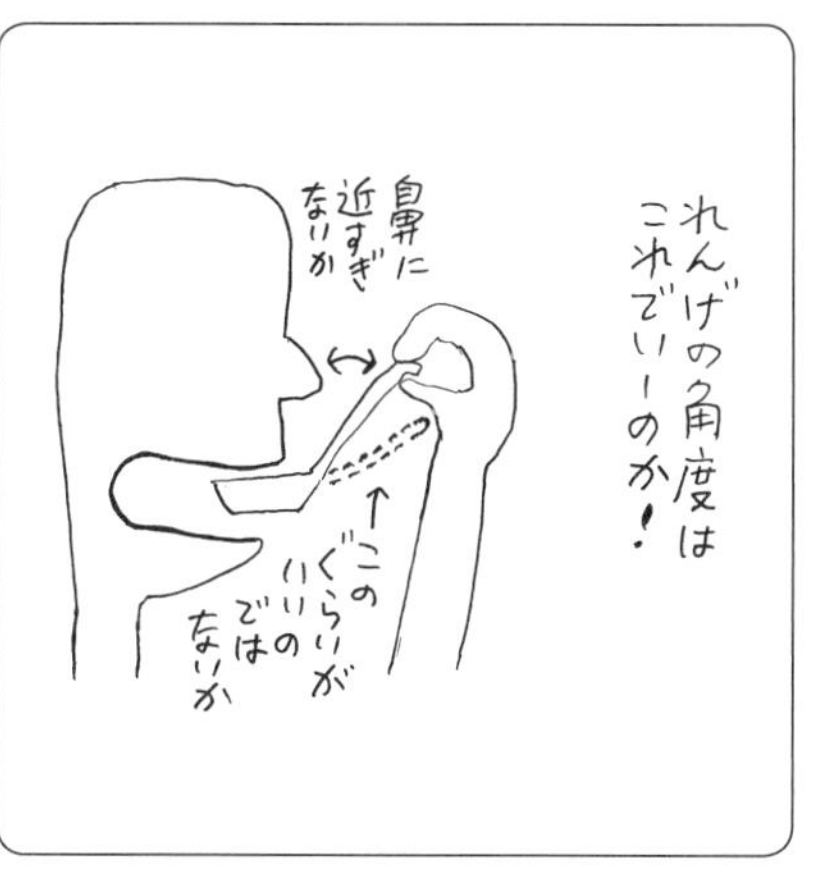

れんげの角度はこれでいいーのか!
鼻に近すぎないか
このくらいがいいのではないか

そして、それは量が違うせいだろうと考えた。

れんげで掬う一回分のスープの量と、丼からじかに飲む場合の量はどちらが多いか。

そこであるとき、じかに飲んだスープを一回吐き出してとっておき、れんげ一杯分の量と比べてみたことがある。

どうだったと思います?

両者の量まったく同じ。

それ以来、なぜ味が違うのかの探求はずっと続いています。

と……。ここまでれんげの悪口、とまではいかないまでも、れんげふしだら説、ドジ説、どんくさい説をるる申し述べてきたのだが、これではれんげがあまりにも不憫。

れんげにもいいとこあります。

このときばかりはれんげでなくては、という出番あります。

チャーハンについてくるスープ、このときばかりはれんげでなくてはなりません。

高級な中華料理店のチャーハンではなくてそのへんのラーメン屋のチャーハンについてくる小さな陶器に入ったスープ、このときこそがれんげの出番。

特に気合を入れてとったスープとは思われないなんでもないスープなのだが、チャーハンの合間合間に飲むとなぜか妙においしい。

器にじかに口をつけて飲むとおいしくない。

れんげで掬って飲むと途端においしい。

表面にほんの少し脂が浮いていて、その脂を避けるような、避けないような、同じように浮いている輪切りのネギを避けるような、避けないような、そういうふうにれんげを動かしてスープを掬い上げ、れんげの表面のネギを数えるような、数えないような、大自然の動きに身をまかせようという心の余裕は、れんげならではのものといえるのではないか。

チャーハンのスープを金属のスプーンで掬って飲んでるよう

な人間はダメでドジでどんくさい奴に見える。

「出るところに出さえすればオレだって」

と常日頃思っているあなた、まさにあなたはれんげです。

◉干し芋に栄光あれ

若者なのにおっさんくさい人がいる。

どう見ても50代のおっさんなのだが年を訊くと20歳という人。

地味でむさくるしくて風貌にかなり田舎(いなか)が入っている人。

人間界に限らず食べ物界にもおっさん系はいる。

干し芋なんか相当おっさんが入ってるんじゃないかな。

身なりがすでにおっさん。

さっきスーパーで買ってきたのがここにあるのでパックを破いて一枚取り出してみます。

新品なのにすでにシワシワ。

新品なのに早くも中古品。

干し芋はあれでも一応スイーツ系ということになるのだが、スイーツ仲間はみんな派手。

ティラミスにしろナタデココにしろマカロンにしろみんなキャピキャピ系なのに、そんな中に突然しなびたおっさん。

「干し芋」という名前もダサい。

「ダサい」も「ナウい」や「イカす」と共にいまや言葉の中古品なのだが、その「中古品」の表現があまりにもピッタリ。

　干し芋に代わるカタカナ混じりの新しいネーミングを考えたらどうか、という意見もあった。

　干し芋は、さつま芋を掘って切って蒸して乾燥させただけの純自然食品であるというところに着目して、「ドライ」「スチーム」「スイートポテト」などを混入させたネーミングを考えた人もいるのだが、

「カタカナ似合わないんでないけ」

「んだんだ」

「んだば、アクセントのほうを変えて、『ホンスィイモ』（ホにアクセント）なんてのはどうだべ」

などという論議もあったらしいが「んだんだ」には至らずに今日に至っている（ちなみに日本の干し芋の生産量の9割を茨城県が占めている）。

干し芋が相当な実力者であることを多くの人は知らない。

みんな特に探したりしないので知らないと思うが、干し芋は多くのスーパーの棚にちゃんと並んでいる。セブン-イレブンでも店によっては売られている。

スイーツの隆盛を横目で睨みつつ、いまだに根強い人気があるのは、ジュリーがいまだにあれほどの人気があるのと似ているとよく言われている。

恥ずかしながら告白すると、ぼくも昔からの干し芋のファンの一人なのです。いつも常備しているほどです。

干し芋の魅力は何か。

まず第一は、今どき珍しい超完全自然食品であるということ。

超完全無添加食品であるということ。今ぼくの手元にある干し芋は「戸崎農園　有機ほしいも」という製品で「太陽の光と寒風で自然乾燥」が謳われている。

自然の光と自然の風。

「自然の風」というのがいーなー。風、なつかしーなー。

そういえば風ってあったんだよなー、風って吹いてたんだよなー。

干し芋は一応スイーツの仲間で甘いことは甘いが、甘い、と言っていいのかどうか迷うような甘さである。ショートケーキは食べているあいだじゅうずうっと甘いが、干し芋の甘さは、そう言えば甘さもあったんだ、と、ときどき思い出させるほどの甘さ。

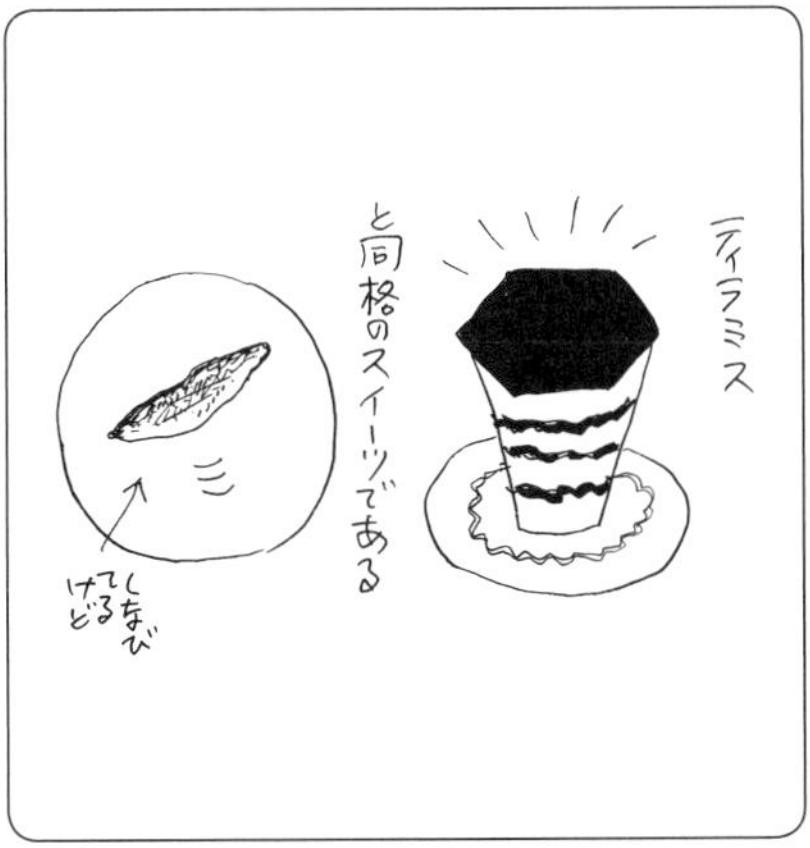

干し芋を食べていて、その甘いところにさしかかると、ここです、これです、わたしの甘さは、と小さくささやいてくる。

干し芋の味は全体的に地味である。

地味においしい。

ゆっくりおいしい。

静かにおいしい。

テレビのグルメ番組では、何かを食べておいしいと、

「おいしーい!!」

と、のけぞりながら絶叫するが、一度ぜひ干し芋を彼

らに食べさせてみたい。

干し芋を食べて、のけぞって絶叫するところを見てみたい。

干し芋を食べていていつも不思議に思うのは、あの「ねっちり」「もっちり」である。

干し芋の一片の片端を口にくわえて引っ張ってもなかなか食いちぎれないほどの弾力がある。

干し芋のあの弾力はどこにひそんでいたのか。

だって焼き芋の場合を考えてごらんなさい。

さくっと歯が入って、ホクッとしていて、ホロッと口の中に入る。

どうやら乾燥（一週間干したり取り込んだり）の過程で発酵という段階があるせいらしいです。それもこれも天然の光と天然の風がもたらしてくれる自然の賜物ということができる。

いまＮＨＫの朝ドラはインスタントラーメンの物語になっているが、次の朝ドラは干し芋の物語にしてほしい。

干し芋はインスタントという意味ではラーメンをはるかに超えている。インスタントラーメンは３分かかるが干し芋はすぐその場で０分で食べられるのだ。


平成の時代はスイーツの時代でもあったと言える。

流行っては消え、消えては流行るスイーツブームのなかで、よくぞ干し芋は生きのびた。

これからは干し芋の時代だ。

幸いにしてEUとのEPAがうまいことになって（詳しいことはわからないが）とにかく関税がなくなって輸出有利の状勢になった。

干し芋はJAPANスイーツとして世界に進出していって世界中に認知されて大人気となる。

そうなると、世界中の観光客が、「干し芋の産地はどこだ」ということになり、それは茨城県だ、ということになって茨城県は一大観光地ということになる（ちなみに茨城県は県別魅力度最下位）。めでたしめでたし。

◉豆腐は清純派？

思わず、

「おいしそう！」

という言葉が口をついて出たときの食べ物は清潔とは言い難い場合が多い。

ステーキがそのいい例で、脂ぎっていて、ところどころ黒っぽい焦げ目があり、肉汁はあふれ、随所に赤い血が滲み、全体が妙に生々(なまなま)しくて、どう見ても清潔とは言い難い。

ところが、そこがおいしい。

たまらなくおいしい。

美味と清潔は両立しないのだ。

というようなことを書いておいて突然豆腐です。

豆腐は全身純白、清潔、清浄、一点の汚れもない。

だけどおいしい。

そこがおいしい。

たまらなくおいしい。

この矛盾をどう説明するか。

その答えはあまりにも簡単なので、多くの人は大いにがっかりするはずだが十分に納得もするはずだ。

その答えは、

「食べ物はそれぞれにおいしい」

この答えは韜晦とも解釈できるし、そうかい、と得心もいく。

豆腐に向かいあうと人はなぜか沈黙する。

多くを語りたいと思わなくなる。

おいしいことは十分おい

しいと承知しているのだが、そのことについて語ろうという気が失くなる。

豆腐には沈黙が似合う。

その清冽、無垢、廉直に心を打たれる。

その姿に端然(たんぜん)、恬淡(てんたん)、孤高を感じる。

あっちはたかが豆腐ですよ、たかが豆腐のくせにこっちはその姿に精神性を感じてしまう。

その純白、無垢の姿に、いつのまにか深く頭(こうべ)を垂れている自分を見出すことになる。

ぼくは居酒屋で、湯豆腐を前にして深くうなだれている人を見たことがある(ウソです)。

そうなのです、豆腐には豆腐でありながら人を諭す力があるのです。

汚れちまった悲しみを常に抱えている人にとっては豆腐の純白がまぶしくてならないのです。

ぼくは居酒屋で、湯豆腐を前にして、

「わたしは汚れている!」

と絶叫しているおじさんを見たことがあります(ウソです)。

人はいつだって豆腐を黙って見逃すことができない。

口にこそ出さないが思いは胸の中にあふれる。

そのせいか豆腐を詠んだ俳句は多い。

　湯豆腐やいのちのはてのうすあかり
は久保田万太郎の晩年(死の四カ月前)の作で、「いのちのはて」が哀しい。

「うすあかり」が切ない。

ただの豆腐に「命」を汲みとり「薄明かり」を感じる。

豆腐にはこれだけの力がある。

これがもしモツ煮込みだったら。

　モツ煮込みいのちのはてのうすあかり

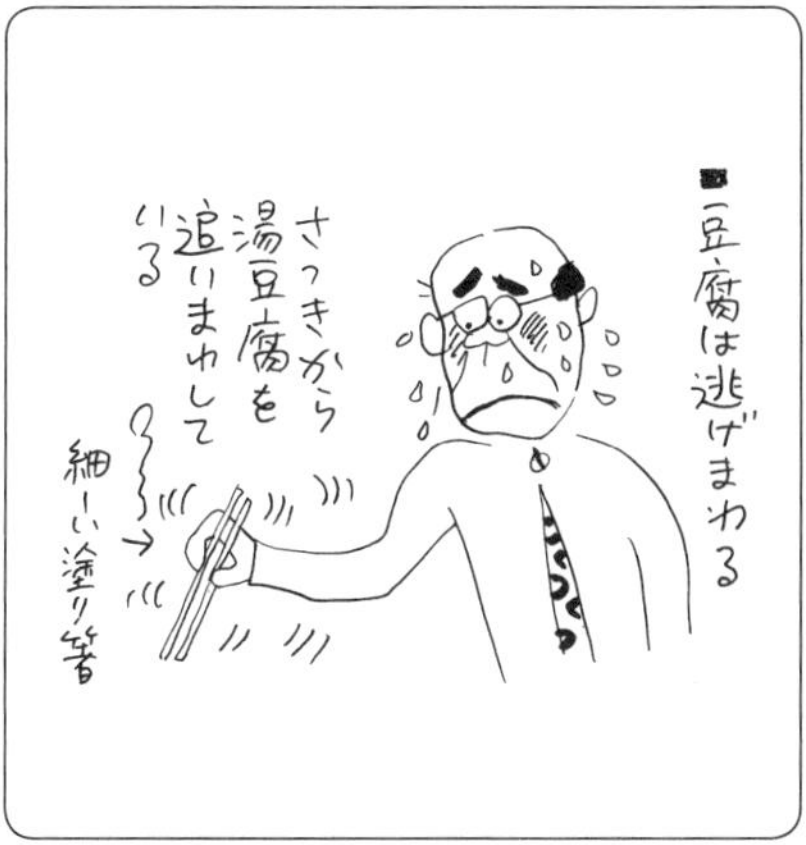

ということになり、急に定年とか年金とか食費とか、そっちのほうを詠んだ句ということになり、あまりにも意味が違ってくる。

げに恐るべきは豆腐の力。

湯豆腐に白菜やら春菊やら椎茸などを入れる人もいるが、豆腐以外は入れてはならない。

ダシの昆布さえ入れてはならない。豆腐の孤高が失われる。

鍋の中には白くて四角い豆腐だけ。

一個一個の切り口截然（せつぜん）、壁面は純白の輝き。

一片の崩れも許されぬ明鏡の世界。

これが豆腐が生まれながらに背負わされた宿命である。

というようなことをここまで書いてきて突然麻婆豆腐です。

さあ、どーする。

あわててもダメ、ふためいてもダメ。

ここまで書いてきた豆腐の純白はどーなる？

清冽、無垢、廉直はどーなる。

端然、恬淡、孤高はどーなる。

切り口截然、純白、純潔はどーなる（純潔の話はしてなかったか）。

麻婆豆腐はこれまで書いてきたことがぜーんぶメチャメチャじゃないですか。

麻婆豆腐は全体がグチャグチャじゃないですか。

色だって赤黒くて純白どころじゃないじゃないですか。

切り口なんて跡形もないじゃないですか。

麻婆豆腐の感想を訊かれた人は、

「とりあえず汚れてるってのが第一印象ですね」

とか言うはずじゃないですか。

さっき居酒屋で、

「わたしは汚れている！」

って叫んだおじさんの立場はどうなるんですか。

豆腐に向かいあうと人はなぜか沈黙するとか言ってたけど、人々は、

「辛(から)い辛い！」

と大騒ぎじゃないですか。

豆腐には木綿と絹があるが、湯豆腐の場合はどっちが合うか、という議論が昔からあるが、今はそれどころじゃないのであとまわしにしてください。

木綿と絹とではどっちが好きか、ということもしばしば話題になるがそれもいちおう重く受けとめておきます、ということにしておいてください。

同じ豆腐でありながら、麻婆豆腐を「命の果て」や「薄明かり」に持っていくのはむずかしい。

この矛盾をどう説明するのか、と問い詰められればぼくは平然とこう答えます。

食べ物はそれぞれにおいしい。

◉飲むおにぎり⁉

このたび、

「飲むおにぎり」

というものが発売されました。

このニュースを聞いて、われわれ日本人はどう応じればいいのでしょうか。

とりあえず気を確かに持ちましょう。

冷静になって事実関係を一つ一つ確認しましょう。

まず「おにぎり」。

「おにぎりというものはゴハンをこういうふうに手で握って固めて海苔とかを巻いたやつだよな」

と確認する。

と同時にその実態を頭に思い浮かべる。

ここまでは誰もが順調にいく。

それを「飲む」。

ここで人々はうろたえる。

ふつう、うろたえます。

だから、安心してしっかりとうろたえてください。

だが、取り乱したりしてはいけません。

冷静にうろたえましょう。

ここまでくればもう大丈夫です。

ここまで順調にくれば、あとはもう、

「どうやって？」

という疑問に立ち至ります。

どうやって飲むのか。

蛇の大きいのは兎ぐらいは平気で飲みこむというが

人間はそうはいかない。

ここで「飲む」という行為を再確認してみます。広辞苑は、

【飲む】口に入れて嚙まずに食道の方に送りこむ」。

送りこむ、などと無責任な言い方をしているが、どうやって送りこむのか、ちゃんとおにぎりを食道の方に送りこめるのか、向こう（飲むおにぎり側）は「飲む」と言い切っているのに対し、そんな弱腰でちゃんと対抗できるのか。

話はヘンな方向に向かってしまったが、ぼくが問題にしようとしているのはまさにそこのところなのです。毎年正月になると、餅をノドに詰まらせて騒ぎになる人が多いというのに「おにぎりを飲んで救急車」ということになったらどうするつもりか。

そもそも「飲むおにぎり」などという物騒なことを言い出したのはどこの誰かというと、ヨコオデイリーフーズという株式会社。

発売は2019年3月1日というからつい最近のこと。

発売されるやテレビのワイドショーなどに取りあげられてたちまち話題沸騰。

「飲むおにぎり」と言われれば誰だって一刻も早く食べてみたい、いや飲んでみたい、と思う。

ぼくも一刻も早く飲んでみたいと思って近所のスーパーやコンビニを探しまわったのだが、早くも売り切れたのか、それともまだ出まわってないのかどこにも見当たらなかった。

テレビで見た限りでは製品はアルミっぽい、いわゆるパウチの容器に入っていて（一個160

円）吸い口に口をつけてチュルチュルと飲んでいる。

　確かに飲んでいる。

噛まずに奥の方に送りこんでいる。ネーミングの「飲む」方はこれでクリアできたのだが「おにぎり」の握る方はどうなのか。

　どうやらゼリー状らしいのだ。

　ゼリーのどこをどうやって握るのか。

　そのへんのところは、まあ、大人の話をしようじゃないの、ということらしいので、ぼくも大人の話としてお話しすることにする。

　飲むおにぎりを実際に飲んだ人たちの感想（テレビで）は、

「ツブツブ感があって意外に、おにぎりを食べた、という気になる」

「ちゃんと梅干しと昆布の味と香りがする」

「忙しいときとかにいいかもしんない」

という大人の意見を言う人もいれば、

「おかゆじゃん」

「握ってなくね？」

といった正直な子供の意見を述べる人もいる。

まだ食べてもいないのに（飲んでもいないのに）こんなことを言うのはよくないかもしれないが、これをおにぎりと称するのは少し無理があるような気がする。

みんなチュルチュル吸っている。

握るから「おにぎり」なのだから、「お吸い」と言ったほうがいいのではないか。

チュルチュル吸うから「おチュル」。

液状化現象〜

でも確かに何かと忙しい現代人にとって食べ物の液状化は歓迎される傾向にある。

昔は朝が忙しいサラリーマンはゴハンに味噌汁をかけたぶっかけメシをかっこんで会社に行った。

大抵の食べ物は液状化によって食べる速度を速めることができる。

これから先、食べ物の液状化は一般化されるようになる。

パンは牛乳のぶっかけパンになる。パウチの容器から、牛乳にパンを混ぜたものをチュルチュル飲む「飲むパン」が発売されるようになる。

豆腐とワカメの味噌汁は、豆腐もワカメもつぶして液状にしてパウチの容器で吸ったほうが早い。

一汁三菜は健康な食事の理想であるから、一汁も三菜も液状化してパウチの容器からチュウチュウ吸う。

寿司だって安閑としていられなくなる。寿司のことを握りと言うくらいだから、おにぎりと同じ目にあうのは必定である。

寿司屋のカウンターの光景も当然変わってくる。

飲むお寿司。

カウンターにズラリ並んだ客が全員口を大きく開けて突き出しているところへ、店のおやじが「飲むお寿司」をスプーンですくって一人ずつ入れていく。

燕の巣状態になる。

◉「好きなものは最初」でいいのか

日の前に料理が並んでいる。

好きなもの、あんまり好きではないもの、嫌いなもの、様々。

どの料理から手をつけるか。

一番好きなものからいく、という人もいれば、一番好きなものは最後に取っておく、という人もいる。

どっちの人が多いのだろう。

冷静に考えてみることにする。

一番好きなものをいきなり食べちゃうというのはちょっとはしたないような気がする。

ぶしつけのような気もする。

物事には順序というものがある。

始まりがあって、途中があって、終わりがある。

目的があって、努力があって、辛抱があってこそ成功の喜びは生まれる。

夏の甲子園がそう。

予選があって準々決勝があって準決勝があって、そうしてようやく優勝となって校歌斉唱、優勝旗を手にグラウンド一周、涙、なみだ、また涙ということになる。

甲子園でいきなり優勝、優勝旗を手にグラウンド一周で涙、なみだは無理がある。

ここでいきなり肉野菜炒めの話に持っていくのは無理があるのだが、話の流れがそうなっているのでそうなる。

肉野菜炒めの中の一番大

きくて一番おいしそうな肉を皿のわきによけて取っておく人をときどき見かける（ぼくです）。

それを見ると、この人にとってその肉は一番大切な肉、大好きな肉、憧れの肉なのだ、ということがわかる。

この人はああやって満を持しているのだ、人生を豊かに楽しくしようとしているのだ、ということもわかる。

この人の余裕に満ちた人生観がその脇によけられている一片の肉に象徴されていることになる。

そういう憧れの肉を持たない人の人生はつまらない。

人生は常に希望を持って生きたい。

夢と希望は待っているだけではやってこない。

自分でつくりだすものなのだ。

肉野菜炒めの中の一番大きい肉片をちょっと脇によけるだけで簡単につくりだすことができるのだ。

このあたりまで読んできた読者は、ぼくが〝いきなり派〟なのか〝あとで派〟なのかのおおよその見当がついたことと思う。ここで話は肉野菜炒めから焼き鳥に移っていく。

ここに5本の焼き鳥があります。

5本の内容は正肉、手羽先、レバー、ハツ、ボンジリ。

ボンジリというのは鶏のしっぽのつけ根のところの肉（肛門の周辺）で、イチョウの葉のような三角形で弾力に富み脂肪豊か、モチモチ、プリプリ、噛んでよし、味わってよしの逸物です。

さあ、ぼくはこの5本のうちのどれからいくのでしょうか。

そしてどれを最後に取っておくことになるのでしょうか。

なんてことを今さら言うまでもなく〝一番好きなものの最後主義〟がバレているわけだから最後はボンジリ。

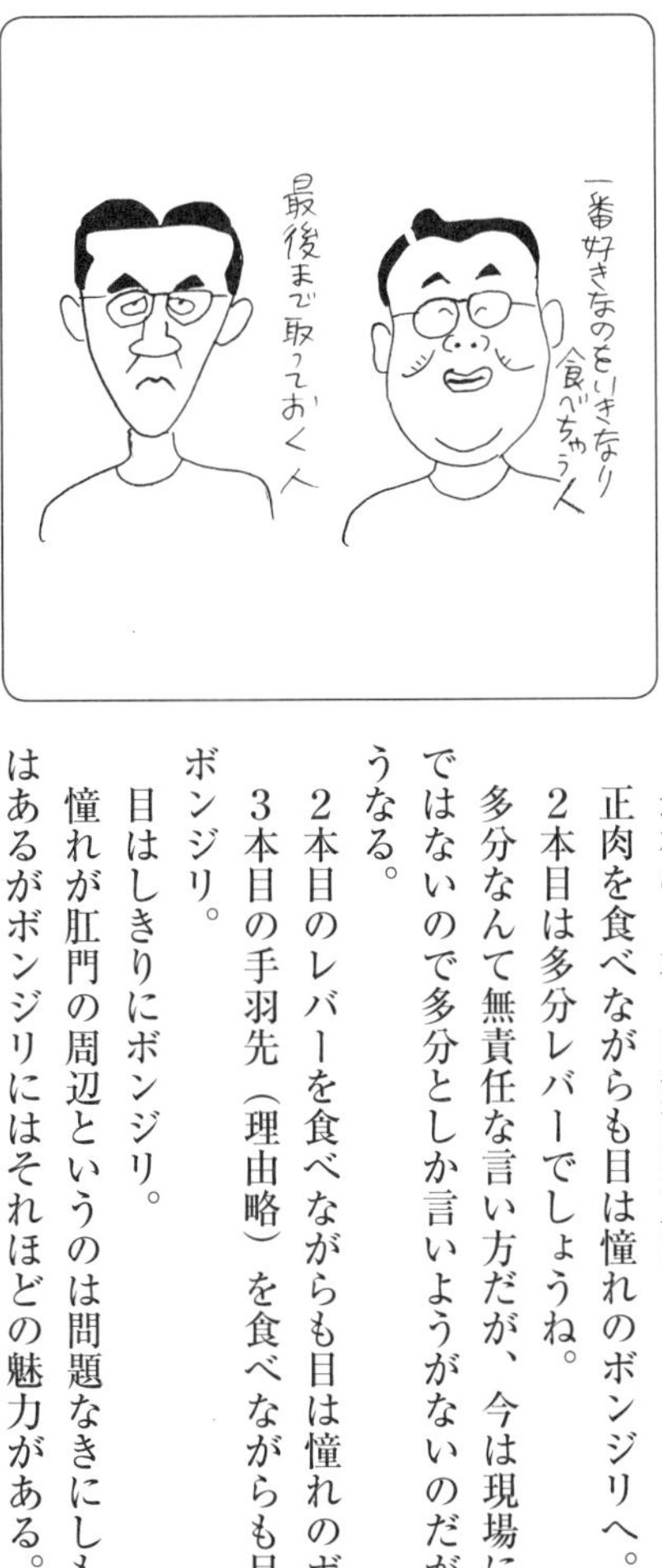

最初の1本目は素直に正肉。

正肉を食べながらも目は憧れのボンジリへ。

2本目は多分レバーでしょうね。

多分なんて無責任な言い方だが、今は現場にいるわけではないので多分としか言いようがないのだが、多分そうなる。

2本目のレバーを食べながらも目は憧れのボンジリへ。

3本目の手羽先（理由略）を食べながらも目は憧れのボンジリ。

目はしきりにボンジリ。

憧れが肛門の周辺というのは問題なきにしもあらずではあるがボンジリにはそれほどの魅力がある。

もしですよ、もし最初にいきなりボンジリを食べちゃっていたら〝しきりに〟の部分がなくなってしまう。その分、人生がつまらなくなる。

人生が痩せることになる。

と、ここまで書いてきて、ある考え方がハタと頭に浮かんだ。

そのハタはこれまでここに書いてきたことの大転換をもたらすハタなのであるが、何しろハタなのでぼくとしては責任のとりようがない。

この文章の中ほどのところで一皿に5本の焼き鳥が出てくるシーンがありましたよね。

あのとき断っておけばよかったのだが、あの5本の焼き鳥は焼きたてだった。

焼き鳥から湯気が上がっていました。

食べものをおいしく食べるにはどうすればいいんでしたっけ？

そうです、おいしいものはおいしいうちに、です。

お店の人も、

「おいしいうちにどーぞ」

ということをしきりに言います。

揚げたて、焼きたて、炊きたて、茹でたて、料理は出来たてが一番おいしい。

時間がたつほどおいしくなくなる。一皿に5本の焼き鳥が出てきたときは湯気が上がっていました。

1本目は焼きたての正肉でした。

その焼きたてをゆっくり食べました。憧れのボンジリにゆっくり視線を走らせながら食べたのでけっこう時間がかかりました。

2本目はレバーでしたが、これも憧れのボンジリにしきりに目を走らせながら食べたので時間がかかりました。

3本目の手羽先のときも〝しきりに〟ボンジリに視線を走らせました。

最後のボンジリのときには「おいしいうちに」どころかすっかり冷めきっていたはずです。

〝しきりに〟が不幸を招いたのです。

教訓「禍福はあざなえる縄のごとし」。

◉「カワイイ」の時代

若い女の子は何を見ても、

「カワイイ」

と言う。

それこそ何を見ても「カワイイ」。

タレントだろうが犬や猫だろうが、ファッションだろうがアクセサリーだろうが仏像だろうが猪だろうが、何を見ても「カワイイ」が評価の基準になっている。

「きゃりーがぱみゅしてもう一回ぱみゅするところがカワイイのよね」

と、わけがわからない。

日本のおじさん達はそういう社会現象が不愉快であった。

「人間というものはだね、そういうカワイらしさなんてもので評価されるもんじゃないのだ」

と顔がブサイクなおじさんの怒りは特に激しかった。

ところがここへきてどうも雲行き怪しくなってきた。

特に最近その雲行きがよくない方向に向かいつつある。

「カワイイ」が世界的な流行になりつつあるのだ。
アニメブームなどと共に、日本のサブカルチャーが世界的に受け入れられるようになって、「日本のカワイイ」が世界的に注目されるようになった。
2009年、外務省は「ポップカルチャー外交」と称して、マンガやアニメやキャラクターなどを含む「カワイイ文化」を文化外交政策に用いることを決定したのだ。
こうなってくると、さっきの顔がブサイクなおじさんもソワソワしはじめる。

「きゃりーがぱみゅぱみゅするところがカワイイんだよね。大好き」

日本国民のすべてが「カワイイ」の見直しをしなければならなくなった。

「カワイイ」の評価が急に高くなってきたのだ。

これからは「カワイイ」が物事の判断基準になっていく。

カワイイ食べ物、カワイイレストラン、カワイイ食器、カワイイ野菜、カワイイ果物……。

可愛いは当て字であるが、この字づらからわれわれはどういう連想をするだろうか。

カワイイ、あどけない、ほほえましい、無心である、小さくて頼りない……。

そうなのだ、カワイイの根底には小ささがあることがわかる。小さくて可憐で果無(はかな)そうで思わず手を貸したくなる。でかくて、ごつくて、いかついものの対極がカワイイである。

ここにでかくてごつくていかついものに変身しようとしている果物がある。

時代の流れに逆行しようとしている果物、それが苺です。毎年苺のシーズンになると店頭に苺が並ぶわけだが、何となく見ていると、

「年々、苺でかくなってるな」

と思う。

事実でかくなっている。

親戚の子供は見るたびに大きくなったなと思うが、苺も会うたびに大きくなっている。

今年見たので一番でかいのはリンゴと同じぐらいの大きさ。

リンゴどころか梨ぐらいの大きさのものさえある。

苺はその大きさとその形にカワイさがあった。苺はサクランボといっしょにそのカワイさを愛される果物である。だからこそ、女子高生のハンカチに、新妻のエプロンに、若い女の子のポーチに苺柄が用いられている。

苺柄が土木作業系の人の仕事着に付いていることはない。

年々巨大化しつつある苺は形も大きく変化している。

ブサイクになった。

いびつになった。

ゆがんでねじれて凸凹になった。

腰まわりがくずれてきた。

体重も増えた。

なりふりかまわなくなってきた。

例えがわるくて非常に申しわけないのだが、ある年齢になると「女を捨てたおばさん」という一群の人達がいるが、「苺を捨てた苺達」という印象をまぬがれない。

かつてあんなに可憐で清楚でいたいけなかった少女が、なぜこうも逞しくて頑丈そうなおばさんになってしまったのか。

店先にふてぶてしく並んでいる昨今の苺を見るたびにそう思う。

可憐と清楚から頑丈とふてぶてしさに至る間に何があったのか。

多分いろんなことがあったのであろう。

反抗期になってグレた、ということも考えられる。

パックに詰められて店先に並んでいる昨今の苺達を見ると、「反抗期にグレた女子高生達が大人になったのちの同窓会」という感じがしないでもない。 

問題は彼女達の今後である。

これから先の「カワイイ」の時代にどう対処していくか。

いくらなんでもこのままではムリだろう。

いったん「苺を捨てた」苺がこれから先、生きていくのはかなりむずかしい。

とにかくくずれてしまった腰まわりを何とかしなければならない。

重たくなった体重も何とかしなければなるまい。

とりあえずライザップに通ってみるということも考えられる

が、今後どうするか、先達の教えを乞うという方法をぼくとしてはすすめたい。
先達とはだれか。
トマトである。
トマトにはプチトマトというものがある。
トマトは今日あることをとっくの昔に予見してその対策を講じていたのである。
だからその方法を熟知している。
ぼくにはトマトの門をたたいている苺の姿がいま頭に浮かんでいる。

◉独活(うど)の皮の教訓

われわれ人間は野菜から何かを学ぶってことはあるだろうか。

たとえば大根から何か有り難い教訓を得る、とか。

里芋がわれわれに人生の手本を示す、とか。

実を言うとぼくはつい最近独活(うど)から大変な教訓を授かったのです。

よりによって独活。

「独活の大木」とか言われて、どっちかというと「ボーッとしてるほうの大家」の独活。

その独活がぼくに範を垂れたのです。

そのいきさつを話す前に、ぼくは独活が大好きであることを表明しておきます。

好きになったのはかれこれ50年前、したがって独活歴50年。

その50年をぼくは「独活初期」「独活中期」「独活末期」と三段階に分けて考えています。

「独活初期」から話を始めます。

50年前といえばぼくは30代、若い身空で、その風貌から「枯淡の野菜」「老成の大木」と言われている独活をなぜ好きになったかというと、たぶん気が合ったんでしょうね。

当時からぼくはボーッとした性格で今だったらNHKのチコちゃんにまっ先に叱られるような人間でした。

そのころ独活をどうやって食べていたかというと、皮を剝いて生のまま味噌をつけて食べていた。

独活の食べ方はこれが一番。

独活はボーッとしているくせに性格的に偏屈なところがある。

食べてみるとすぐわかるが味にクセがあって皮が硬くてしかもその皮が厚い。

その皮に硬くて太いスジ

が何本もあるものだから食べるとき相当厚く皮を剝かないと食べられない。

「独活の皮は大名に剝かせろ、柿の皮は貧乏人に剝かせろ」という言い伝えがあるくらいだから昔の人も独活の皮を剝くのに苦労していたんだと思う。

なるべく厚く、しかし厚く剝き過ぎるともったいない、だから厚過ぎないギリギリのところを探りながら剝いていく、この「探り当てる」のにケチな人ほど時間がかかる。

そのころのぼくの剝き方は、独活の茎のほうを上にして（葉のほうが下）握り、茎の切り口のギリギリのところに包丁の刃を当ててきっかけを作り、そのまま下へ果物を剝くように、途中ちょん切れないように細心の注意を払いながら剝いていく、という方式だった。

そうやって葉先のほうへ剝いてはまた同じことを繰り返しながら剝いていくわけだから、一本剝き終わるともううんざり。閉口。

この剝き方で食べる歴は20年ほど。20年ほど経ったとき、ふと「まてよ」と思った。

ここまでがわが独活歴の初期。

途中ちょん切れないようにヨロヨロ剝いていくところが最も厄介な部分だったので改良策をずっと考えていたのだった。

改良策とは、独活を5センチほどの長さに切ってそれをまな板に立てて剝くというものだった。切り口の端に包丁を当ててストンと切り落とす。こうするとヨロヨロの部分がなくなる。

この方式で独活を食べる歴およそ20年。

この20年がわが独活歴の中期。

ここで突然吉田拓郎になります。

〽わたしは今日まで生きてきましたー。

こういう剝き方で独活を食べてきましたー。

かくして40年が過ぎていったのでした。

ここから急に「どぶろっく」になります。

〽もしかしてだけどー。

もしかしてだけどー。

独活の皮ってそんな面倒な剝き方をしなくても、もっと簡単に剝けるんじゃないかな。もしかしてだけどー。

そう思いついたのがつい最近。

独活の葉のほうを下にして手で握って包丁を茎の端のところに当てるまでは初期と同じ。

そのあと、包丁を切り下げないで、そのまま横に引っぱりながら下方に下げていくと、嗚呼、なんとしたことか、独活の皮はスルスルと剝けていくではありませんか。

バナナの皮を剝くように、とまではいかないが、それにかなり似たような状態で独活の皮が剝けていく。もしかしたらこれ、料理界の大発見ではないか、と思われるほどスルスル剝けていく。

もしかして、包丁で切れ目のきっかけを作らなくても、爪の先でつまんで引っぱっていったらそれでも剝けるんじゃないかな、と思ってやってみたら、それでもやっぱりスルスル剝けていく。独活を剝くのに刃物は要らぬ、爪の先っぽで剝けばよい、だったのだ。

そしてこれがまた更なる大発見。

神の恵みか天の配剤か、爪先で引っぱって剝(は)がれていきつつある皮の厚さが、何と本来取り除くべき皮の厚さそのままなのである。

茎の切り口のどのあたりに包丁の刃先を当てるか、そのことにあれほど悩んだあの苦労は一体何だったのか。

このことがわかってから、ぼくは独活を次のような方式で食べるようにしました。

「独活のバナナ食い」です。

手で剝いて皮は切らずに手元に残して垂らしたまま食べる。

そうそう、冒頭に書いたぼくが独活から授かった教訓とは何か。

「独活中期」までに経験した数々の苦労は結局何の役にも立た

なかった。

「若いときの苦労は買ってでもしろ」

という諺（ことわざ）があるが「そうとも限らないよ」という教訓。

◉「皮ごと煮筍」ここに登場

とにもかくにも今回登場する筍は「メチャメチャでかい」ということをまず強調しておきたい。できたら「メチャメチャでかい」のところを黙読ではなく「メチャメチャでかい」と声に出して読んでくれるといいな、と思っていることを強調しておきたい。

直径19センチ、といってても実感がないと思うがトイレットペーパーの直径が約11センチだからその約2倍。

身の丈はトイレットペーパーを2個積み重ねたほどの高さ、すなわち20センチ。

近所の八百屋でその巨体を見かけたとき胸騒ぎがした。

自分はこの筍で何かしでかすのではないか。犯罪の予感とでもいうのだろうか。

その予感は適中した。

その筍の代金を払って持ち帰ったのだ。

その大筍をテーブルの上に置く。

何だか誘拐してきたような気分。

テーブルの上の筍を前にして大きく腕組み。

この巨体は普通に扱うわけにはいかない。荒っぽくいきたい。

皮をつけたまま煮る、ということを思いついた。

え？　それってふつうのやり方じゃないの、と思った人もいると思うが、これは日本の筍史上空前の出来事なのだ。

もちろん下茹でのときは皮ごと茹でる。

そうではなくて「皮つきのまま煮る」のだ。皮つきのまま味をつけるのだ。

くどいようだが、筍はふつう皮を剥いたあと適当な大きさに切ってから煮るが、着物（皮）を着せたまま煮て、着物を着せたまま食卓にのせて食べようというのだ。

あの筍が、あの茶色くてゴワゴワした皮を身にまとった姿のまま、皿の上に高く聳（そび）えていて、しかもその全身にはちゃんと味がついていて、盛んに湯気を上げているところを想像してください。

まさに異観。まさに壮観。

とりあえず下茹で。

と思ったのだが、なにしろ巨体、この大筍を茹でる大鍋がない。

一番大きい寸胴鍋を出してきてようやく大筍を何とか入れて水を張ったのだが水面から筍の先が10センチほどはみ出る。

はみ出たまま糠（ぬか）を入れて1時間下茹で。

先っぽがはみ出ているので、煮汁をかける要領でおたまで湯をすくってはかけ、すくってはかけしなくてはならないので1時間つきっきり。

下茹でを何とか終えていよいよ味をつける段階。

大鍋に水道から湯をドバドバ、醤油ドブドブ、砂糖ドサドサ、けずり節バサバサ、巨体に対処するには何をするにも大仕掛けになる。

このまま30分煮る。

このときも先っぽが出ているので煮汁をしょっちゅう頭からかけなければならず30分つきっきり。

かくして日本の筍史に燦然と輝く「皮つきのまま味がついてる筍料理」というものができあがった。

直径30センチの大皿に巨体をドシンとのせてテーブルの上に置く。

茶色い皮のついた売ってるときと同じ姿かたちなので、これを見た人はまさかこの筍に味がついているとは思わないはず、なのだが、実は皮の下でちゃんと味がついているのだ。

今すぐこのまま食べられるのだ。

とは言っても、この皮のついたままの筍はどうやって食べればいいのか。皮つきで盛んに湯気を上げている筍を前にして改めて暗然。

とりあえず皮を剝かねばなるまい。

皮は意外にスルリスルリと剝け（熱いけど）とりあえず筍は丸裸。

さてどこからどうやって食べたらいいのか。とにもかくにも口に入る大きさに切り分けなければ食べることはできない。

とは思うのだが、何で、どうやって、どのあたりから切り分ければいいのか。

ナイフかなわず、フォークかなわず、包丁かなわず、斧かなわず、ノコギリまたかなわず。

やはり包丁だナ、と思った。

包丁を手にして身構える。

すると包丁は自然に筍の肩のあたりに当てられ、そうなると刃は自然に下に切り下げられていってやがて皿に到達してストンと音を立てる。すると、タテに長くて細くて薄い筍の一片ができあがる。

すると手は自然にその一片に近づいていき指は自然にそれをつまんで口のところへ持っていってアグアグということになった。

全てが自然に行われた。

これでいいのだ。

これでいいらしいのだ。

二切れ目も自然に行われた。

今度はさっきより厚めに切って食べようと思って一センチぐらいのところに包丁の刃を当てて再び下に切り下げていって一

片をつくって食べる。

これって、何かの食べ方に似てないだろうか。

そうだ、この食べ方はシュラスコではないか。

ブラジルを始めとする南米各地で行われている肉の食べ方。

大きな肉のカタマリを大串に刺して焼いて、それをタテにしておいて包丁で上から下に薄く切り下ろしていく食べ方。

あの食べ方を思わず知らず筍に対して行っていたのだ。

筍は先っぽと中ほどと一番下の根に近いところとでは、それぞれ歯ざわりも味も違う。

ふつうの食べ方だと、それらが切り分けられて皿にのせられて別々に食べることになる。

筍のシュラスコ食いは、それら各部が一片に全部含まれていていっぺんに味わえる。

日本国民こぞって絶賛、筍のシュラスコ食いが日本の料理本に載る日は近い。

◉平成は「ラーメンの時代」でもあった

平成がもうすぐ終わる。

平成の時代とはどんな時代であったか。

きんさん、ぎんさんの時代だった。

「冬のソナタ」の時代だった。

ディスコブームで「ジュリアナ東京のお立ち台」の時代だった。

そしてラーメンの時代でもあった。

平成以前のラーメンの社会的地位は低かった。

もうそのへんの、ごくありふれた日常の食べ物で、近所のおばちゃんが買い物帰りにネギの入った買い物籠をさげて、ちょっと寄って食べて行くか、といったような気楽な食べ物だった。

出前で取るにしても、天丼やかつ丼よりはるか下の、どちらかというと見下げられていた食べ物だったといえる。

平成に入ってラーメンの周辺の事情が一変した。

ラーメンブームに火をつけたのは山本益博氏である。

昭和も終わりのころ、山本氏が荻窪にある「丸福」というラーメン屋が日本一のラーメン屋であるということをあちこちでしきりに言い始めた。

　山本氏が書いた『東京・味のグランプリ200』という本が出版されたのが1982年（昭和57年）、この本で山本氏が「丸福」日本一説を明確に唱え、そのことにみんなが興味を持ったのがラーメンブームのそもそものきっかけであったとぼくは捉えている。

「丸福」のそばに「春木

屋」という名店もあったので客が並び始め「荻窪の行列」が有名になった。

そこから先は諸賢ご承知のとおり。

ラーメンの名店といわれるものがあちこちに乱立して、ラーメンは行列して食べるものになった。

ラーメンの素人は名店に立ち入ってはならない雰囲気になっていった。

名店のカウンターにはラーメン通、ラーメンの大家、ラーメンの巨匠、名匠、達人、麺道五段などの猛者たちが居並ぶことになった。

麺道五段たちは、ひとしく店主に戦々恐々、恭順の意を表すために背をちぢめ、かしこまり、戦き、尊敬し、崇め奉り、中には拝んでる客さえいた（いません）。

もはや「ネギのおばちゃん」が立ち寄るスキはなかった。

崇め奉られれば誰だって増長する。

それにしても当時の有名店の店主の増長ぶりは大変なものだった。

とりあえずそっくり返った。

そのほかにも威張る工夫を様々に試みるのだった。

タオルを鉢巻きに用いた。

鉢巻きというものは古来手拭いを用いるものなのにわざわざ結びづらいであろうタオルが選ばれた。

「名店の店主はタオル」が決まりになっていて、目ぶたのところギリギリまで、それじゃ前が見えないだろと思うぐらいまで下げるのも決まりになっていた。

店の紹介の記事で写真を撮られるときは「タオルは目ぶたギリギリで大きく腕を組んでそっくり返る」というのも決まりになっていた。

ラーメン屋といえどもサービス業の一種である。

サービス業者がやたらにそっくり返るのはいかがなものか。

ホテルのドアマンが大きく腕組みしてそっくり返っている姿を想像してみてください。

店内でも客に偉さを見せつけるために様々な工夫を試みるのだった。

弟子を大声で怒鳴りつけた。

身ぶり手ぶりも大仰になった。

麺を茹であげたあと、振りザルと称するもので湯切りをするときの動きは一見に値するショーだった。

歌舞伎の連獅子もかくやとばかりの振り付けで、おしまいのところで大きく首を振って見えを切る店主もいた

（いません）。

名店の店内はどの店も店主の独壇場だったのでとにかくやり放題。

「私語禁止」の貼り紙は当然。

「咳払い禁止」「溜息禁止」「呼吸禁止」の貼り紙も見かけた（見かけません）。

「まずスープから」とか「まず麺から」という指定もあった。

私語禁止であるから店内は寂として声なく湯のたぎる音のみ。

その中で突然、弟子を叱る大声が響きわたるのでそのたびに客はビクッと飛び上がりそのあとパタッとひれ伏す。


こうなってくると時の勢い、店主に取り入ろうとする客が出てくる。

どういうふうに取り入るのかというと、まずスープを一口すすって首を大きく振って大きく頷き、更に二、三度小さく頷き、参りましたというふうにガクンと首をうなだれる。

芸のこまかい人はまず麺をズルズルすすってのみこんだあと小首をかしげ、しばらく考えこむようなフリをしたあと急に大きく首を振って、そうか、そうだったのか、考えが甘かった、勉強が足りなかった、と天を仰ぐのだが、店主はホラ、タオルが目深で前が見えないので何の役にもたたない。

平成の時代はそういう時代だった。

ラーメン屋の店主専横の時代だった。

平成も終わりに近くなって、ラーメンはだいぶ鳴りをひそめてきた感がある。ラーメンを話題にすることが当時に比べると少なくなったような気がする。テレビのグルメ番組でもラーメンを取り上げることが少なくなった。

それにしても、です。

ラーメンは平成という一時代を泳ぎきったのです。

ラーメンの実力侮(あなど)るべからず。

◉「桜の樹の下には…」

年々歳々花相似たり。

歳々年々人同じからず。

今年のお花見はまさに「人同じからず」であった。

外国人が増えた。急に増えた。

これはぼくのスルドイ勘だが、これから先、日本に桜を見に来る外国人は年ごとに増えていくことになる。

満開の桜の花には他の花々には見られない不思議な魅力がある。

魅力というより魔力？　妖気？　瑞気？

桜の花が持つこうした禍々しい力に異国の人々もやられはじめたのだ。

こういう経験はありませんか。

満開の桜の花を下から見上げているうちにクラクラ目眩がしたこと。

見上げれば花花花……。

花の奥に更に花、その奥にも更に花、花花花の花の層。

花の天蓋、花の大伽藍。
閉じこめられて花の陶酔、
息がつまって噎せ返る。
花で噎せるなんてこと、
他の花にあるでしょうか。

これも桜の花の魔力にやられた症状の一つなのです。

梶井基次郎をして、「桜の樹の下には屍体が埋まっている」と言わしめた桜の花が持つ妖しい気配、空気。

ナーンデカ？

桜の木の下に立って満開の花を見上げるとクラクラするのはナーンデカ？

この「ナーンデカ」は、

ぼくのこの数年来の疑問でした。

ツツジの花の群れをじーっと見つめていてもクラクラすることはない。

オランダの見渡す限りのチューリップ畑を見てもクラクラすることはない。

桜の花にだけ狂乱、ナーンデカ。

梶井説。

「桜の樹の下には屍体が埋まっている！　これは信じていいことなんだよ。何故って、桜の花があんなにも見事に咲くなんて信じられないことじゃないか。俺はあの美しさが信じられないので、この二三日不安だった。しかしいま、やっとわかるときが来た。桜の樹の下には屍体が埋まっている」

桜の木の下に死体説。

梶井君、甘いなあ。

ここから先はショージ説。

あれは死体なんて、そんな大げさなものではありません。

実にもう簡単なことなのです。

簡単でもっと現実的なことなのです。死体なんてそんな……。

われわれは花を見るとき、花だけを見るでしょうか、花といっしょに必ず葉っぱも見ています。

花と葉っぱは常にワンセットです。

どんな画家も花を描くときは葉っぱも必ず描きます。

それゆえに、われわれは彼岸花を見ると異常を感じます。不吉さえ感じます。彼岸花には葉っぱがありません。

さて、桜の花はどうでしょうか。 

これは殆どの人が気付かないでいることなのですが、桜の花を見上げたとき、そこに葉っぱはありません。一枚だってありません、そこに見えるのはぜーんぶ花です、花だけです。

桜の木は他の木と違って葉っぱの季節と花の季節がずれてすれ違っているからです。

常日頃、花といっしょに見ていた葉っぱがない。あるはずの葉っぱがない。

そしてここがショージ説のポイントなのですが、人々はそのことに気付いていない。

気付いていないまま花を見上げる。「異常を異常と気付かないと異常はいっそう異常になる」と言った人がいるが（ぼくです）、「異常を異常と気付いた人はとたんにパニックになる」（もちろんこれもぼくです）。

異常は秩序の崩壊です。ホーカイなんて言ってる場合ではありません。秩序の崩壊は危機の到来です。

しかも突然の危機です。

身の処し方を考えなければなりません。

ここまでをいったん整理してみましょう。

人々は桜の木の下で満開の花を見上げていた。

桜の木は花が満開のときには葉っぱはないのだ、ということに気付かないまま見上げていたせいでクラクラ目眩がした。 

なぜクラクラしたかというと、そこに異常を感じたからである。

その異常は異常を異常と気付いてないものすごい異常なので急に不安になってパニックになった。

ここまで合点していただけましたでしょうか。

不安からパニックになった人はどういう行動に出るでしょうか。

ここで私事になって恐縮ですが、ぼくの場合は酒に走ります。

とりあえず酒を飲んで酔っぱらってしまおう。

梶井基次郎
といえば
檸檬

酔っぱらいさえすればもうしめたもので、あとは何とかなる。

これまでの人生、それで何回しのいできたことか。

桜の木の下で酒を飲んでいる人が多いのは実はこういう理由からなのです。

花を見上げていたら不安になった、その不安を酒でまぎらわせよう、そういう人たちがああして桜の木の下で酒を飲んで騒いでいるのです。

酒に走るというなら、酒だけ飲めばいいんじゃないの、宴会にまで発展させる必要はないんじゃないの、ということになるが、そこはそれ、酒を飲めば誰だっておつまみが欲しくなるじゃないですか。

許してやんなさい。

つまるところ、桜の木の下には死体はなかった、という説なのだが、梶井君と張り合ってどうする。

◉ココア大好き

「そのへんでお茶でも」

という成り行きは多い。

道を歩いていて知ってる人にばったり会う。

「最近どうしてる？」

というような話になり、

「ちょっとそのへんでお茶でも」

ということになっていく。

この場合の「そのへん」は喫茶店のことであり「お茶でも」のお茶はコーヒーのことである。

日本ではいまやそのぐらい「お茶」とはコーヒーのことになりつつある。

喫茶店では客の十人が十人まずコーヒー、たまーに紅茶、たまーにココア。

その、たまーにココアの人がぼくなのである。

本当はコーヒーでもいいのだが、できたらコーヒーは避けたい、紅茶でもいいのだができたら紅茶も避けたい、そうやってたどりついたのがココアなのである。

喫茶店でココアを注文する女の人は珍しくないが男性、しかもおっさん、おっさんがココア、エ？　ココアをおっさんが、と世間の注目を浴びる。

それでもぼくはココアでなければならないのだ。

余はいかにしてココアニストになりしか。

実を言うと、ぼくは決してコーヒーは嫌いではない。

正直に告白すると、コーヒーは毎日のように飲んでいるのだ。

毎日、仕事を始める前には必ずコーヒーを飲む。

しかも、うんと濃いのを飲む（インスタントだけど）。

コーヒーを飲むと人はどうなるか。

コーヒーには次のような効能があると言われている。

眠気が醒める。

興奮をもたらす。

頭脳が明晰になる。

やる気が起きる。

鼻息が荒くなる。

目に活力が漲る（ランランと輝く）。

ということになるのだが、ぼくの場合は特別の体質らしく、この効力が通常の人の二倍、いや三倍ぐらいになる。

コーヒーを飲むとまず動悸が激しくなる。

急激にやる気が起き、いてもたってもいられない、というような興奮状態に陥る。

目がランランと輝く。

頭脳は明晰そのものとなり、わけもなく自信が満ちあふれてくる。

これらの症状は創作活動にはまさにうってつけである。

これなくして創作活動はスタートしない。

コーヒーに対する特異体質であることが、どれほど自分の職業に有効であることか、そのことをいつもありがたい、ありがたいと思いながら毎日を過ごしている。

一方、この特異体質は日常生活には多大な障害をもたらす。

たとえばこんなふうに……。

普通の人との普通の交き合いがむずかしくなる。

仕事が仕事なので編集関係の人と打ち合わせのために喫茶店に行くことが多い。

その編集関係の人が女性である場合も多い。

その打ち合わせが夜遅くなることも多い。

話をまとめてみよう。

夜遅く女性の編集者と喫茶店に行った。喫茶店というところは、さっきも書いたように客の九分九厘がコーヒーを頼む。

そこでぼくもコーヒーを飲む。

するとどうなるか。

たちまち先述の症状があらわれることになる。

すなわち、女性の目の前で、しかも夜遅く、急に鼻息が荒くなる。

目がランランと輝いている。

急にやる気が起きたらしく、いても立ってもいられないというふうに悶えている。

自分ではこれらの症状を何とか抑えようとするのだが、なにせ、例の、人の三倍の効能が効いているので手の施しようがない。

こうした「深夜のコーヒーの変」を避けるために、ぼくはいつしかココア党になっていったのだった。

ココア党になったことで全てが解決したわけではない。

例の「おっさんのくせにココア」という問題が残っている。

だが「おっさんのくせにココア」問題は、コーヒーの場合の「女性の目の前でいきなり興奮」問題よりも被害は軽微であると考えられるので、当分はココアで凌いでいこうと考えている。

「おっさんのくせにココア」問題さえ除けば、ココアほど心が安らぐ飲み物はない。

のどか、のんびり、ゆったり、ただ甘くて、南国の香りが鼻腔をくすぐる飲み物をうっとりと飲むだけ。

コーヒーの、豆がキリマンジャロで、焙煎がどーの、粗挽きがこーの、ドリップがあーの、といった蘊蓄がいっさいない。

紅茶の、レモンかミルクか、ミルクが先か紅茶が先か、といったややこしいやりとりも要らない。

やや大き目のカップに、タップリ、ダブダブ、ふちギリギリまで注いで重くなったのをゆっくり持ち上げ、ナーンニモ考えないでズズズッと一口。

ただただホンワカと甘い。

これです、心からくつろげる飲み物はこうでなければならない。

目を三角にして、疑い深そうに、あたりを窺うようにカップに口をつけて一口すすり、うーむと唸り、しかし、と考えこみ、これはこれでアレだが、それにしてもコレはアレだな、というのがコーヒーの飲み方。

飲み物に深刻は似合いません。

◉出汁（だし）か出汁（でじる）か

最近気になって気になってしかたがないことがある。

なーんだ、そんなつまんないことかというなかれ、料理の本に出てくる「出汁」という言葉、これが気になって気になってどうにもならない。

イライラする。

出汁と書いて「だし」と読ませる。

読めるわけねーだろ、と怒りにふるえる。

トシをとると怒りっぽくなるというがそのせいだろうか。

五十歳ぐらいまではそのことを見逃していたのだが六十五歳を過ぎたあたりから少しずつ許せなくなり、いまでは「出汁」を発見するたびに、「出汁は誰がどう読んでもデジルだろうがッ」と怒りにふるえる。

それにしても一体誰が、出汁に出汁（だし）と仮名をふることを思いついたのか。

読めるわけねーだろ、と、またしても怒りがこみあげる。

でもよくよく考えてみると、昆布や鰹節や椎茸から出る出しを「出し」と名付けた人が一番よ

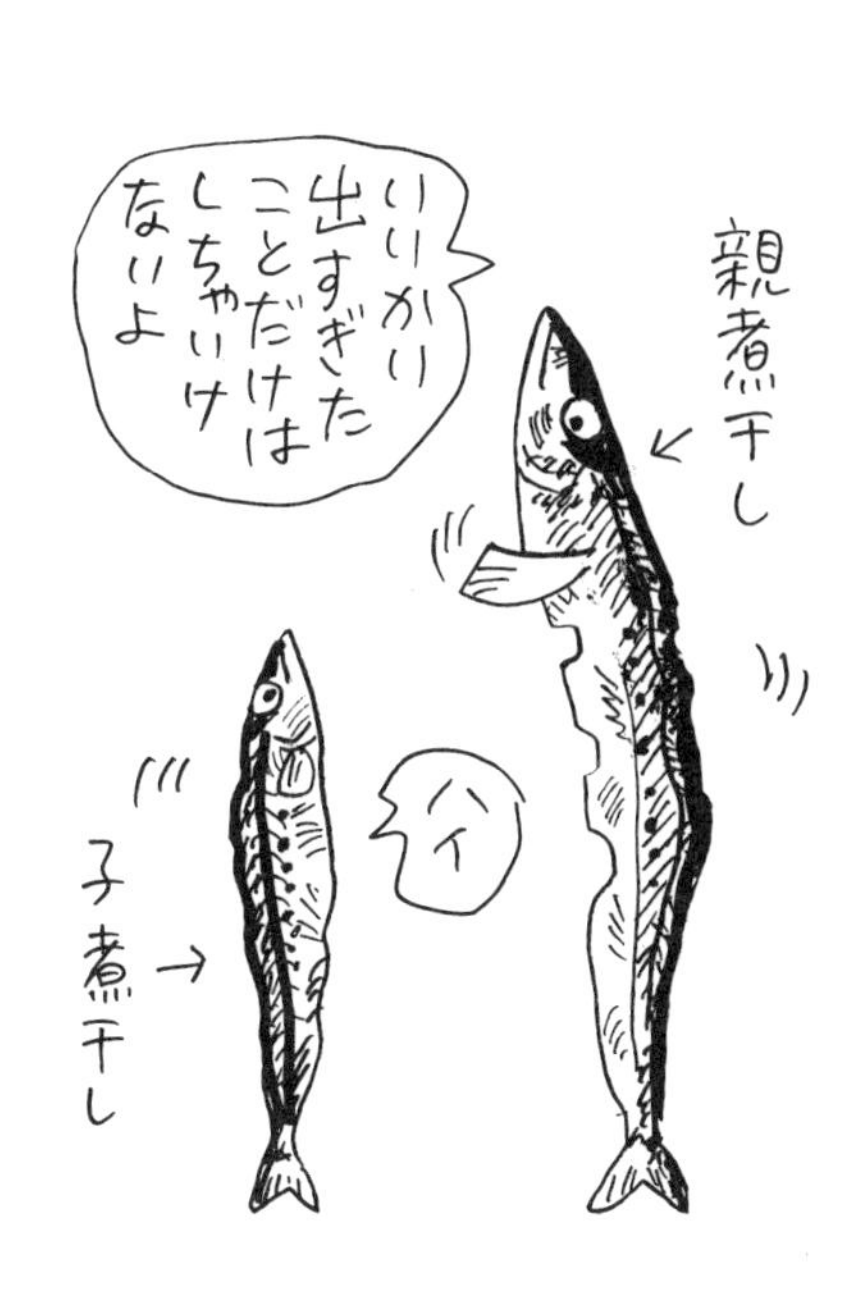

くない。

確かに昆布や鰹節や椎茸はよい出しを出す。

出すので出させてそれでよしとするのはよくない風潮である。

強盗の人は、

「出すものを出せ」

ということをよく言うらしいが、出すから出させるというのはよくないことに決まっている。

ここでふと気がついたのだが「出し」は動詞である。

動詞を名詞化して「出し」。

だったら「出す」でもよ

かったことになる。

「昆布や鰹節や椎茸からよい『出す』が出ます」

ということもありえたことになる。

そうなると、関西などでは、

「出しでっか」

「そう出す」

などという会話が飛び交うことになり、ワケがわからなくなることになるので「出し」のほうにしたのだろうか。

いずれにしてもこうした混乱は、昆布や鰹節や椎茸が出す出しを「出し」と名付けたことによって発生している。

こうした混乱や弊害を防ぐために、いまからでも遅くないから「出し」ではなく別の名前にするというのはどうだろう。

金田一さんあたりに参加してもらって改名する。

その改名したものを紙に書いてもらって額に入れて菅さんあたりに発表してもらう。

「出し」が二文字だったので新しい名前も二文字。

たとえば……と書いたがなかなかいい名称が出てこない。

やっぱり出しが出るから「出し」というのはよく出来てるなあ、と思う。

よくぞ思いついたなあ、と思う。

そういえば京都あたりでは、昆布や鰹節から出しを取ることを、

「出しを引く」

とも言う。

日本料理の基本は出しであるといわれている。

日本料理の出しは出すぎてはいけないということが基本になっている。

厨房で弟子がかしこまって親方に味を見てもらう。

親方が一口すすって上目づかいになり、

「鰹節の味がする」

と言ったらその出しの取り方はダメということになる。

鰹節も昆布も椎茸も使って取った出しなのにそれらの味が少しでもしたらダメという微妙な世界。

「出しを取る」というより「出し」を「引き出す」という考え方らしい。

「出し」を「引き出す」。

さあ、またややこしいことになってきたぞ。

「引く」は動詞だからこれを名詞化して「引き」。

「出し」ではなく「引き」。

鰹節や昆布や椎茸から「引き」を引いて「出し」を出す？

世の中には「引き出し」というものもある。

家具の引き出し。

キッチンの棚の引き出し。

「キッチンの棚の引き出しの中に入っている鰹節を出して出しを取るために引きを引いといてくれ」

干し椎茸も干涸びている

などと関東出身で現京都の親方は弟子に言うことになる。

出しを出させるほうがややこしいことになっているので出すほうはもっとややこしいことになる。

出すほうというのは鰹節、昆布、椎茸、煮干し側。

出しを出すことを要求される側。

組合があるわけではないが、寄合みたいなものはあるはず。

相手は出しを出すことを要求してくる。

出しのご一党は、見ればわかるが全員ヨボヨボの連中ばかりだ。

全員干涸（ひから）びており、疲れきっていて精気がなく、ご老体という感じの連中ばかりで、特に煮干しのご一党の疲弊ははげしく、目は落ちくぼみ、腰は曲がり、中には尾がすり切れて失くなっているのさえいる。

そういう連中に向かって、

「出すものを出せ」

と相手は言ってることになる。

そう言われて、出す側は老骨にムチ打って一生懸命、精一杯、出せるかぎりの出しを出すと、

「出しすぎる。出しはたくさん出せばいいというものではない」

と言われる。

よく考えてみると、料理人にかぎらず、各家庭の人たちも、出しに対してこれまであまりにも非情だったような気がする。

料理に大切なのは愛情である。

煮干しにも愛情を。

◉快楽の素・おせんべ

煎餅(せんべい)です。

エッセイの冒頭がいきなり「煎餅です」なので面くらったことと思います。

というのは、ついさっき、ピンポンが鳴ったので受話器を取ると、いきなり、

「宅配便です」

と言われたせいなのです。

「コンチワ」もなければ、

「どこそこのダレソレです」

もなく、いきなり「宅配便です」。

宅配便はこれでいいことになっているので、エッセイでも、いきなり「煎餅です」もアリかな、なんて思ったものですからやってみたわけなのですがやっぱりヘンだったかな。

そういうわけで今回のテーマは煎餅。

煎餅と書いて、せんべい。

煎餅、と、こう漢字で書かれると、ちょっと身構える、というか、肩に力が入る、というか、

そういう気分になる人もいると思うが（いないか）、平仮名で書いて「せんべい」と書くと急に肩から力が抜けて安心する。

ナーンダ、せんべいか……。

そこで「せんべい」に「お」を付けて「い」を取り去って「おせんべ」。

どうです、急にラクになったのではありませんか。

「おせんべ」で話をすすめます。

おせんべはいわゆる茶菓子の一種。

茶菓子には、羊かん、饅

りおせんべ。

頭、ビスケット、どら焼き、ドーナツなどいろいろあるが、これらのなかで一番気安いのはやはりおせんべ。

目の前にあると、もう何の考えもなくスッと手が出る。

手が出ておせんべをつかんでる。

いつのまにかそれを口のところに持っていって噛んでいて齧っていて味わっていてのみ込んでいて、気がついたときには熱いお茶をすすっていたりする。

そのぐらい日本人はおせんべと旧知の仲というかお互いに気心が知れている。

向こうも向こう、こっちもこっち、お互いに気をつかうなんてことがまるでない。

また気のいい奴なんですね、おせんべは。

何しろがらっぱち。

気取ったところがひとつもない。

饅頭やどら焼きや最中などは、真ん中のところに焼き印を押したりするがおせんべはそういう気取ったことはしない。

何しろお肌ガサガサ、ハンコを押そうにも押しようがない。

開けっぴろげ、隠し事をしない。

饅頭やどら焼きや最中は中にアンコを隠しているが、おせんべは、ホラ、あの形でしょ、ペタンコでしょ、どこにどうアンコが隠せましょう。

形がまん丸、まん丸は円満の象徴。

お月様がみんなに愛されるのは丸いからであって、もしあれが四角だったら誰もお月見などして尊敬したりしないはず。

裏表がない、というところも好かれている理由のひとつ。

裏表のある人って多いじゃないですか、そういう人嫌じゃないですか、そういう人に嫌な思いをさせられること多いじゃないですか、そういう日常を過ごしていておせんべを手に取るとつくづく、あー、裏表がないってこんなに心が安まることなのか、おせんべって何ていい奴なんだ、としみじみ思う。 

打てば響く仲というのがあります。

そういう友人が欲しい、と誰しもが思うが、なかなかそういう友人にはめぐり合えるものではない。

嚙めば響く仲、ならばすぐにめぐり合うことができます。

おせんべは嚙むと響く。

打てば響く仲とはちょっと違うかもしれないが、おせんべとならいつでもすぐに「嚙めば響く仲」になれる。

おせんべは手で割ってから食べる人と、歯でくわえて出っぱったところを手で下に折り曲げて割って食べる人とがあるが、割った瞬間、手の人は手に振動があり、歯の人は歯に振動がある。

ぼくは歯の振動が好きなので、いつも歯でくわえる歯派なのだが、歯にはさんで手で下に押し下げていってバリッと割れる瞬間、どういうわけかおでこのまん中あたりにも少し振動が来る。

ぼくはおせんべによるこの「歯とおでこの振動」がとても好き。

おせんべを食べるときはいつもこれを心待ちにする。

おせんべを上の歯と下の歯の間にはさみ、歯から出っぱったところに両手を添え、ややうつむきかげんになって少しずつ両手に力を加えていく瞬間が楽しい。

もうすぐ割れるぞ、もうすぐビリッだぞ、と思いながら力をこめていってついにバリッと割れて歯が振動し、おでこも少し振動する瞬間がこたえられない。

もうひとこと言わせてもらえるなら、このとき、バリッという大きな音がするわけだから、耳のあたりにも音響としての振動がくる。

三カ所同時責めのこの悦楽。

一枚のおせんべは一回噛んだらそれで終わりというわけではない。

何回も何回も噛んで何回も何回も味わうことのできるこの快楽。

そのとき口腔内に漂う醤油が焦げた匂いもまた嬉しい。

醤油の焦げる匂いは全人類に共通して好まれる匂いだと言われている。ということは、おせんべは、和食ブームと共にこの先、全世界に進出していくはず、と誰もが思うが、実はそうはいかない。

それは噛むたびに出るバリッという大きな音。

確か、西欧の作法では食べ物で音をたててはいけないんでしたよね。

◉焦げ目っていいな

焦げ目っていいな。好きだな。

コンガリおいしそうについた焦げ目を見ていると嬉しくなる。

たとえばトースト。

全域うっすらコンガリ狐色。

表面いかにもカリカリ。

トースターでパンを焼いて、焦げ具合がうまくいったなと思うことってあんまりない。

あー、焦げすぎたな、とか、もうちょっとだったな、とか。

だからたまたまうまくいったときはもっと喜んでいいと思いますよ。

もっと、ということは、ふだんみんなあんまり喜んでないということを窘(たしな)めているわけです。

もっと喜びましょう、なにしろ僥倖なんですから。

人生の中の地味系の喜びっていうのかな、ホラ、人生ってもともと地味じゃないですか、地味ばっかりじゃないですか、人生の中で嬉しいことってそんなにたくさんあるわけではないので、こんな小さなことでもちゃんと喜んでおかないと、ホラ、食いっぱぐれという言葉がありますよ

ね、それこそ喜びっぱぐれということになってしまって損をしてしまうことになります。

　さあ、これからは小さな幸せをひとつひとつ丹念に拾いあげながら生きていくことにしましょう、とりあえず焦げ目で。

　でも焦げ目なら何でもいいというわけではありません。

　焦げ目というとグラタンの焦げ目が有名ですが、ああいう派手な焦げ目はいけません。

　焦げ目は地味でなくちゃ。

グラタンは自分の焦げ目をとにかく派手にもっていきたがる。

最初から大騒ぎ。

まず灼熱。

熱いよ熱いよ、ドイタ、ドイターで始まる。

グラタンの語源には焦げ目という意味があるそうだが、とにかく熱いということを吹聴しながら登場する。

灼熱のグラタン皿の中を見ればいろんな焦げ目で満員。

焦げ目のオンパレード。

濃いの薄いの、大きいの小さいの、まだフツフツ活動してるの、もうすっかり治まったの、などなど眼下一望焦げ目の見本市。

グラタンの焦げ目に対する情熱はこれだけでは治まらない。

オーブンで焼いて十分焦げている表面を更にバーナーで焼いたりする。

演出過剰、見せびらかす焦げ目。

焦げ目は自然に出来た焦げ目でなくちゃ。

焦げ目には焦げ目なりの方針というか、身の振り方というか、そういうものがあるはずで、そうしたものが佇（たたず）まいとしてあらわれているはずです。

ひっそりとした佇まいの焦げ目。

みたらし団子の焦げ目、佇まいがひっそりとしていると思いませんか。

ぼくは思うなあ。

陰ながら祈る、とか、陰ながら見守るという言い方があるが、みたらし団子の焦げ目は、陰ながら焦げている。

ちゃんと焦げてるのに表立とうとせず、葛餡(くずあん)の膜の陰に隠れてひっそりと焦げてる。

焦げ目の理想の姿。

焦げ目の鑑(かがみ)。

グラタンと比べるとその違いがはっきりする。

あっちは大騒ぎ、ドイタ、ドイター、バーナー持ってこい。

焦げ目界の修身の本には、焦げ目の理想の姿としてみたらし団子の焦げ目が、山内一豊の妻的存在として載っているそうです。

焦げ目にはトーストのような嬉しい焦げ目、グラタンの派手な焦げ目、みたらし団子のひっそりとした焦げ目などがあることがわかってきたわけだが、もう一つ、つつましい焦げ目というものもある。

その焦げ目は、もう本当に目立たない焦げ目で、物陰に隠れた焦げ目で、みたらし団子の焦げ目とは別の意味でひっそりしていて、気がつかない人は気がつかないで見逃してしまうような焦げ目。

「そういえば確かにあいつも焦げてたなあ」

と思い出すような焦げ目。

その焦げ目を思い出す前に焼き鳥の焦げ目を思い出してください。

焼き鳥の焦げ目も、トースト的見て楽しい系の焦げ目で、ぼくもときどき焼き鳥を食べる手を休めては焦げ目のところを見たりする。

正肉には正肉の焦げ目の良さ、皮には皮独得の焦げ目の良さがあってそれぞれ鑑賞に値する焦げ目である。

皮の焦げ目は焼き鳥全体の焦げ目の中で最高の焦げ目だとぼくは思う。

何ていうのかなあ、こう、熱で丸まってしまって、その丸まった背中のところが特に焦げていて、その特に焦げているところがカリッとしていて特においしい。一生懸命焦げてる。

あ、それからつくねね。

つくねの焦げ方もぼくの好きな焦げ目。

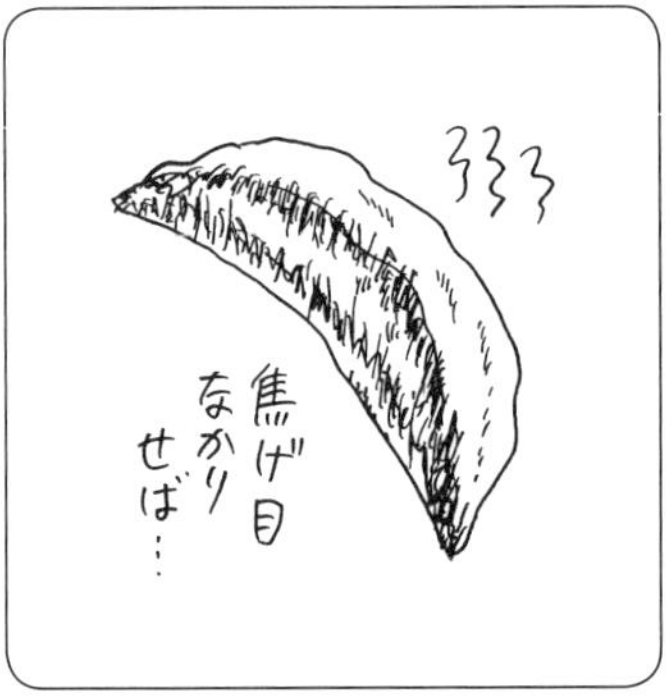

何て言うのかなあ、こう、遠慮気味に焦げてるんですよね、丸く焦げてて、その焦げてるところが特に引きしまっていて特においしい。

あ、つい焼き鳥本体の話になってしまったが、ぼくがさっき書いた〝つつましい焦げ目〟は焼き鳥本体ではなくネギのほうなんです。

ネギが、肉と肉の間にはさまって、つつましく、ひっそり焦げている。

肉と肉の間にはさまって陰ながら焦げているので、こんどついでがあったらちゃんと見てやってください。

ちゃんと焦げててちゃんと焦げ目がついてる。

秘すれば花の焦げ目。

和の焦げ目。

◉ジャガイモを叱る

人間トシをとると怒りっぽくなる。
「小言幸兵衛」という落語に出てくる長屋の大家がその典型である。
この大家は何を見ても腹が立つ。
寝ている猫を見ると、
「寝てばかりいないで鼠でも取りなさいっ」
と叱る。
ぼくには彼の気持ちがよーくわかる。
老人は何を見ても癪(しゃく)に障るのだ。
何を見ても一言文句を言いたくなる。
ヘビを見て、
「長すぎる」
と文句をつける老人もいるという。
ぼくは以前、急須のフタを叱ったことがある。

急須のフタの油断を許せなかったのだ。

同じフタ仲間の茶筒のフタ、彼のしっかりぶり、あのピッタリぶりに比べて急須のフタのだらしなさはどーだ。

　なにかというとすぐ転げ落ちる。

　職務意識が足りん！ということで叱った。

　つい最近ではジャガイモを叱った。

　叱ったといっても怒鳴りつけるとか、そういう厳しい叱り方ではなく、諭す、とか、諫(いさ)める、とかいった叱り方。ジャガイモにそれほど大きな落ち度があったわけではないので、言ってきかせる、という程度のものだった。

事の成りゆきはこうである。

肉ジャガを作ろうと思った。

台所の隅のほうに押しこんでかれこれ半年は経っているものを取り出して使うことにした。

ジャガイモを手にとって見るとところどころに芽が出ている。

数えてみると合計四カ所。

芽というものは、芽吹くなどといって、一般的に目出たいもの、芽出たいものとされている。

芸能人などが、長い苦労の末にようやく芽が出た、というふうに祝福の意味でも使われる。

山菜のタラの芽もおいしいし……。

ところがジャガイモの芽はそういう扱いにはならない。

厄介もの、わずらわしいもの、迷惑ものという扱いになる。

ジャガイモの芽にはナントカという毒があるので取り除かなければならない。

包丁の根元のカドのところでほじくり出さなければならない。

しかも四カ所。

厄介で面倒くさくてほじっているうちにだんだん不機嫌になってくる。

「けしからん」という気分になっていく。

「許さん」という気持ちがわいてくる。

ジャガイモ側には何の落ち度もないのだ。

ジャガイモが芽を出すのは自然現象そのものである。

だからジャガイモを叱るのは理不尽である。

理不尽ではあるが、ヘビを「長すぎる」と言って叱るよりは理不尽度は低いのではないか、と思いつつジャガイモを叱る。 

そのうち、ジャガイモを叱りつけている老人を見て世間はどう思うか、ということに思いが至ったので叱るのをやめた。

老人の食べ物に対する理不尽な怒りをもう一つ。

ソーメンを食べようと思った。

大鍋にたっぷり湯を沸かす。

ソーメンを取り出す。

乾麺は帯で束ねてある。

ソーメンの束を手に持って湯が沸騰するのを待つ。

泡の出が激しくなって一挙に沸騰。

ここであわてる。

あわててソーメンの束をほどこうとするのだが、ソーメンの帯というものはこういうときに限ってすぐにはほどけない。そういうふうにできているらしい。

あせればあせるほどソーメンの帯はややこしくほどけない。

ようやくほどき、また大あわてにあわてて、ソーメンを大鍋に投入。

ここであちこちの引き出しを出し入れして「ソーメンのつゆ」を探す。

このときです、突然鍋から湯が吹きこぼれるのは。

もう、ほんとに突然、いきなり、出しぬけ、何の予告もなく突如として大鍋から大量の湯が音をたてて吹きこぼれ、ガス台だけでなく床にまでしたたり落ちる。 

あたり一面に立ちこめる水蒸気。

あまつさえ吹きこぼれによってガスが消えるボッという不吉な音。

ガス台から調理台に至るまで大量に飛び散った熱湯、大量に飛び散ったソーメン。

このときの驚きと狼狽は老人特有のものではなく、全人類共通であると言われている（全人類がソーメンを食べるかどうかは別にして）。

こうした鍋の湯の吹きこぼれに対して全人類は無力である。

いまだかつてこのことに対する対策が考えられたことはない。

ただひたすら、突然吹きこぼれるのを待っているのが現状である。

だが、ここで言いたいのは、湯の吹きこぼれに対する怒りは、一般の人より老人のほうが数倍強いということである。

何しろヘビでさえ長すぎるといって怒るのだから、この台所の大事件を怒らないわけがない。

湯の吹きこぼれは、これから吹きこぼれるよ、という予告さえあれば解決できるのだ。

よく「主婦の知恵で大儲け」というのが話題になるが、電子レンジのチンのように、吹きこぼれ予報音というのを発明すれば大儲けまちがいなし。

全人類が待っているぞ。

◉魚にもブランド

「人間は生まれながらに自由にして平等である」

　１９４８年、国連の世界人権宣言で人間はこう宣言した。

　このことで人間は改めて自分たち人間は自由にして平等であることを再確認し、もしそのことが阻害されるようなことがあれば立ち上がらなければならないのだ、ということも強く意識したのであった。

　この意識をもって自分たちの周囲を見回してみよう。

　魚はどうか。

　魚は生まれながらに自由にして平等だろうか。

　もし、万が一、自由にして平等でなかった場合、人間はどのような行動に出るべきなのか。

　やはり立ち上がるべきなのだろうか。

　そういう意識で改めて魚たちを見てみると、魚たちは海の中をみんなしてあっちへ泳いで行ったり、急にこっちへ泳いできたりしている。

　どうやら自由のほうは大丈夫みたいだ。

平等のほうはどうか。魚に身分の差はあるのだろうか。

この問題はかなりむずかしそうだ。

魚の身分ということになると、生態だけでなく、社会的な問題も含まれてくるので、やはり識者とか、魚類学者とか、さかなクンなどの意見も聞かなければならないことになる。

そんな面倒な手続きを踏まなくても、ぼくのようなそっちのほうの素人でも一目でわかる方法があることはある。

刺身の値段である。

スーパーの魚コーナーに行って、そこに並んでいる刺身を見れば一目瞭然。

マグロの刺身　５００円
アジの刺身　３００円
イワシの刺身　２８０円
刺身はどれも一舟という同じ単位で並べられている。

これを身分の差と言わずして何と言えばいいのだろう。

侍は刀が身分をあらわす。

魚は値段が身分そのものである。

世の中の扱いが違う。

鯛で考えるとそのことがよくわかる。

鯛の評価はマグロに劣らず高い。

鯛は力士が優勝したとき、力士の手にぶらさげられて写真におさまる。

優勝力士がアジをぶらさげて写真におさまることはない。このぐらい身分に差が生じるのだ。

だが、ここで冷静になって考えてみると、人間と魚は住んでいる世界が違う。

人間は陸に住み魚は海に住む。

陸上で考えることと海中で考えることは違って当然なのだ。

ではこういう違いはどうか。

アジで考えてみよう。

アジという同じ種類でありながら値段が違うという事実がある。

一見、同じ大きさ、同じ鮮度、同じ色つや、でありながら、

「一匹　２００円」

「一匹　２０００円」

という表示。

もう一度書くが、どう見ても同じ姿かたちのアジが、

「一匹　２００円」

「一匹　２０００円」

これを見て義憤を感じない人はいるだろうか。

平等問題はどうなる。

身分はアジという同じ身分、なのに10倍の差、２００円のアジにしてみれば、自分の命は２０００円のアジの10分の１の価値しかないということになる。

命に差があるはずがない。

また、あってはならない。

なのにここにあるこの現実、この事実。この事実に識者やさかなクンはどう答えるか。

「ギョギョッ。痛いところを突いてきたギョ。だけど平気だギョ。だってそのアジは『関アジ』だギョ」

そうだったのだ、関アジというブランドものだったのだ。

関アジ、関サバはいまや平民としてのアジ、サバではなく、一段位の高い貴族の魚となっているのだ。

いくらなんでもたかが魚に貴族はないだろ、という人もいるかもしれないが、下がりおろう、一匹2000円なるぞ、世の中は「せんべろ」の時代であるぞ、1000円でべろべろの時代なのだ、いろいろ食べて飲んで1000円、なのにたった一匹で2000円、くどいようだが、ほかに一滴の酒も飲まず、何も食べないでアジ一匹食べただけで2000円。 

くどいようだが、居酒屋に行ってアジだけ食べて帰ってきて2000円。

急に話が飛ぶが、ビックカメラの時計売り場に行くと1000円の時計が売られている。

銀座の服部時計店に行くと5000万円の時計を売っている。

ロレックスだのオーデマピゲだのということになるとそういうことになる。
だが時計は工業製品である。
いろんな機械やたくさんの人手がかかってこの値段になる（らしい）。
関アジはどうか。
アジとして海の中を泳いでいただけなのだ。
ただ漫然と、何の自覚もなく泳いでいただけなのである。
値段のことなど考えずに泳いでいたはずだ。
そうしたら突然釣られて海から引き上げられて、
「キミは2000円だ」
と言われたのだ。
泳いでいたときはタダだったのに、海から引き上げられたとたん、そう言われたのだ。
「ずるい」などと非難しないで欲しい。
関アジには何の罪もないのだから。

◉「信州そば」か「長野そば」か

長野に旅行に行ったとします。

「せっかく長野に来たのだから土地の名物を食べたい」

誰もがそう思う。

長野の名物は何か。

やっぱり「信州そば」でしょう。

そこで「信州そば」の看板を探して町を歩く。

「信州そば」の看板を発見して信州そばを食べる。

信州で食べる信州そばは一段とおいしい。

「あー、やっぱり信州で食べる信州そばは旨いなあ」

と思う。

信州は長野県の昔の国名。

ここでこういうことを考えてみる。

いま食べたそばが「信州そば」という名前ではなく「長野そば」という名前だったとしたら

……。

ありうるんです、信州そばが「長野そば」という名前だったという仮説。

「長崎チャンポン」。

いきなり県名。堂々の県名。

長崎県には全国的に名の通った雲仙岳があり雲仙温泉という観光地もあるので「長崎チャンポン」より「雲仙チャンポン」のほうが通りがよかったはず。なのに「長崎チャンポン」。

だから信州そばが長野そばだったということもありうることになる。

その場合、

「長野県で食べる長野そばは一段と旨いなあ」

という心境になるでしょうか。

信州そばという名前だからこそおいしい。

信州そばという名前に釣られておいしい。

こういう例はほかにもあります。

「讃岐うどん」。

小中学校の教科書的立場からいえば「香川うどん」になるはず。

なのに、わざわざ讃岐。

讃岐うどんの歴史の途中で「香川うどん」に改名してもおかしくないのにいまだに「讃岐うどん」。

まだある。

「越前ガニ」。

越前は福井県の旧国名。

だから「福井ガニ」もありえたはず。

「封建時代の名前を民主主義の時代に持ち込むのはいかがなものか」

と言う学者が出て来てもおかしくないのにいまだに「越前ガニ」。

ここまでは旧国名がそのまま現代に使われている例ばかりだったが、一地方の都市名を名乗る名物もある。

「サッポロラーメン」。

「サッポロラーメンがもし『北海道ラーメン』という名前だったらおいしくなさそう」

という人は多い。

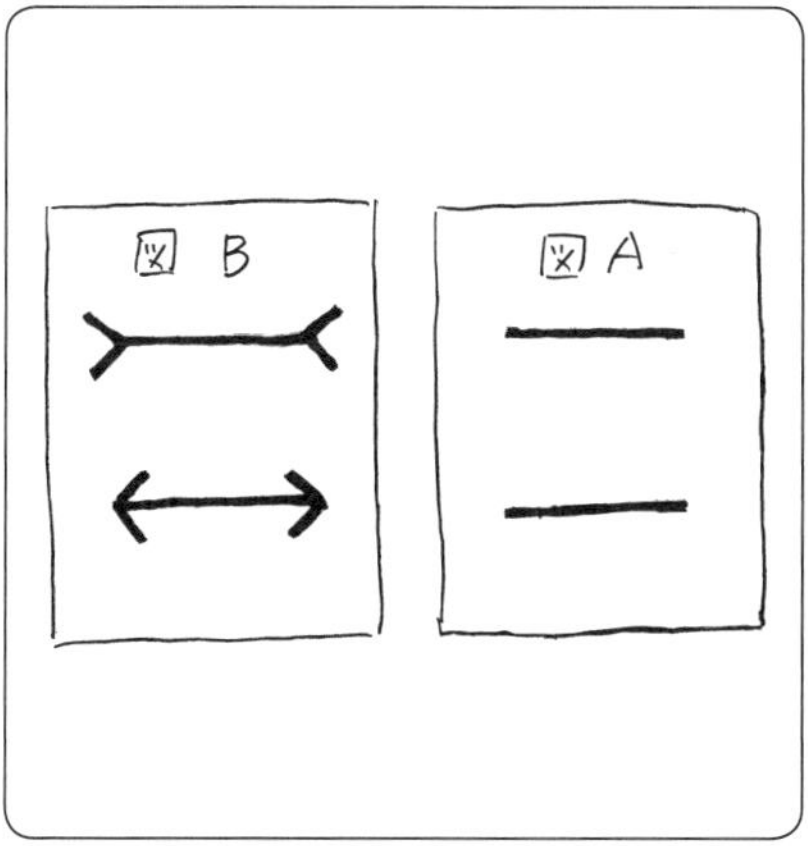

図A

図B

「サッポロ」だから「おいしそう」になる。

「サッポロ」だけではどうということもないのに、その下に「ラーメン」をつけたとたん「おいしそう」になる不思議。

　人間て、同じ物を食べているのに名前だけでこんなに「おいしそう」が違ってくる不思議。

なぜ？

ここで大抵の人は、

「なんとなく、じゃないの」

と考えておしまいにする。

だがぼくはおしまいにしたくない。

なぜ？を続行する。

ここで「図A」を見てください。

あなたは上の横棒と下の横棒とどっちが好ましいか、と問われても答えようがないと思う。

「図B」を見てみましょう。

上の棒と下の棒とどっちが好ましいか、と問われれば、ぼくだったら上の棒と答えることになる。

なぜかというと上の棒のほうが長いから、短いより長いほうが得だから、サンマだって長いのと短いのを出されてどっちか取れと言われたら誰だって長いほうを取るし。

実際は図Bの棒の長さは図Aと同じ長さなのに、><と<>を付けただけで、なんとなく上の棒のほうが長いような気がしてそっちに好意を持つ。

ホーラ、これが「なんとなく」の正体なのです。

「なんとなく」なんて言ってごまかしているけど、実はその心の奥底には損得の勘定がちゃんと入っている。

人間の心理の奥底には更に奥深い層があってこれが日常生活の心理に大きな影響を及ぼしているのだ、ということを深層心理学という学問では言っている。

無意識という言葉を使って深層心理を説明する人もいる。

人間の脳活動の9割は無意識の行動に使われていると言う人もいる。

そしてですね、人間の無意識の中には欲求エネルギーというものが含まれていて、そのエネルギーは常に財物の獲得を心がけている。

いや、オレはそんなこと心がけてない、と言ってもダメです、意識してないだけで無意識下では心がけていることになっているのです。

そして本人には迷惑な話なのだが、いったん財物を獲得するとその保持に心をくだき、その上、その財物の価値の増大をはかろうとする。

このことを自分に当てはめて考えてみても、いや、オレは価値の増大なんてこと考えたこと一度もない、と否定したいところなのだが、いや、まてよ、ひょっとしたらあのこともこのことに当てはまるのではないか。

あのこととは「信州そば」のことであり「讃岐うどん」のことであり、「越前ガニ」のことである。

いったん財物（そばやうどんやカニ）を保持すると、それぞれに「信州」とか「讃岐」とか「越前」などの名前をつけて「価値の増大」をはかっている、ような気がしないでもない。

◉「塩うどん」はなぜ無いのか

訴求力ということを考えてみました。

食べ物の訴求力。

ここにうんと腹の減った一団がいるとします。

一団の人数は十人ぐらいにしておきます。

最近は断食道場とかいうものもあるので断食あけの一団でもいいです。

一週間の断食を終えた一団が、いま、断食道場からゾロゾロ出てきました。

全員のお腹がグーグー鳴っています。

食べられる物だったらもう何でもいいの心境。

人間は腹が減るとどうしても目つきが鋭くなる。

そういう一団がグーグー音を立てながら向こうからやってきました。

その前に立ちはだかって、いきなり大きな声で、なんなら拡声器を使ってもいいです、

「ラーメン!!」

と叫んだとします。

その一声で一団はたちまち大混乱に陥る。

　天を仰いで胸を掻きむしる者、両手を突き出して虚空を摑む者、なぜか犬のようにグルグル回り始める者、オカーサン！と絶叫する者、阿鼻叫喚、あたり一帯は修羅場と化すはず。

　このときの人々の頭の中はどうなっているでしょうか。

　まずラーメンの丼を頭に思い浮かべる。

　丼のフチには雷紋とかいう例の紋様までも付いている。

それに付随して丼の中身。

脂身たっぷりのチャーシューが二枚、なんなら三枚、その右横に太くて肉厚のメンマが四本、なんなら五本、そして煮卵、海苔、ところどころに顔を出しているよじれた麺、よじれずに整然と並んでいる麺、漂う麺のあいだあいだには醬油色のスープ、スープの表面には鶏ガラから出た油滴が点々。

一瞬のうちにこれだけの映像が鮮明に頭に浮かぶ。

なにしろ一週間何も食べてないので頭の中の映像は鮮明、4Kどころか8K。10Kの人さえいる。

この映像の中できわめて重要な部分が一つあります。

一団の前に立ちはだかった人は、「ラーメン!!」と叫んだだけで「醬油ラーメン!!」とは叫んでいません。なのに十人全員の頭の中に浮かんだラーメンは醬油色のスープの醬油ラーメン。

咄嗟(とっさ)の大声に咄嗟の醬油反応。

塩ラーメンでもなければ味噌ラーメンでもなく、はっきりくっきり醬油ラーメン。

ぼくはどっちに味方するわけでもなく塩ラーメンも大好きなので言うのだが、十人のうち三人ぐらいは塩ラーメンを思い浮かべてもいいはずなのに十人が十人醬油ラーメンというのはおかしい。

塩ラーメンのスープはさっぱりした味、と思っている人は多いが、とんでもない、醬油ラーメンよりも濃厚、枯淡でありながら深遠、飲みこんだあとの味の奥行きは醤油ラーメンのスープに勝るとも劣らないはず。

刺身はふつう醤油で食べるが、ちょっと高級な寿司屋だと、

「その平目は塩でやっちゃって」

ということになり、客のほうも「そんなことわかっとる」というしたり顔で頷きながら「塩でやっちゃってる」場面をよく見かける。

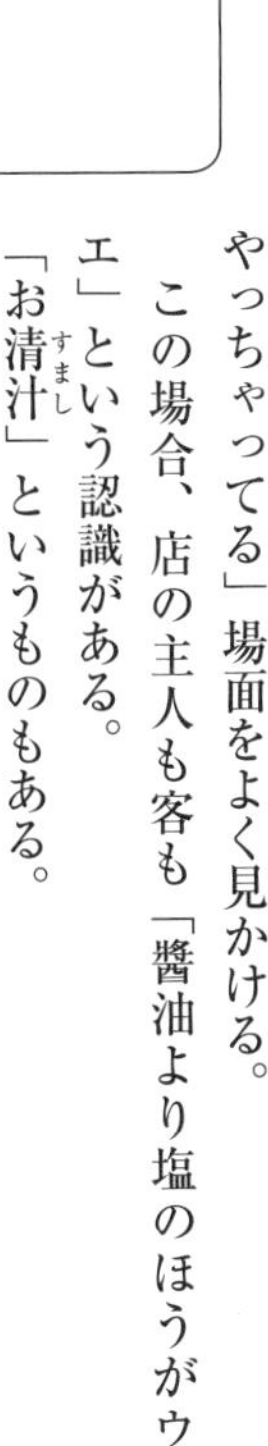

この場合、店の主人も客も「醤油より塩のほうがウエ」という認識がある。

「お清汁（すまし）」というものもある。

お清汁も醤油味ではなく塩。

お清汁は高級料亭の懐石料理のコースの最初のほうに出てくる。

定食屋のメニューでお清汁を見かけることはない。

ここで頭に入れておいていただきたいのは、お清汁の味つけは塩であって醤油ではないということ。

タンメンも醤油ではなく塩。ラーメン屋でタンメンを注文して作るところを見ていると、特にタンメン用のス

ープというのがあるわけではなくラーメンと同じものを使っている。

味つけは塩。

ごく大ざっぱに言えば、タンメンから野菜を取り去ると塩ラーメンになる。

と、ここまで書いてきたことは、塩系を軽んじてはいけないよ、ということ。

汁系のものというと、みんなはすぐ醬油味のものを想像しがちだということ。

特にラーメン、そしてうどん、麺類＝醬油の思想は日本人の頭の中にしみこんでいる。その例として、断食あけの一団を取り上げた。

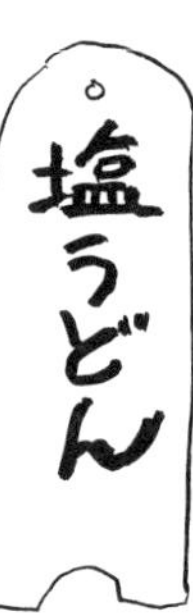

ここで、ふと、単なるふとではなく大変なふとがふと頭に浮かんだ。

塩ラーメンがあるのに塩うどんが無い不思議。

お清汁の伝統があるのに、その技術でうどんを食べようと思わない不思議。

たぶん、おいしいと思うけどなー、たとえば塩ラーメンのスープ、あそこにうどんを入れて食べたら……。

合わない、ということは絶対にないと思うけどなー。

ラーメンの麺もうどんも原料は同じ小麦粉、それを同じようにこねて同じように長くしたものが同じスープに合わないはずがない。

ただ、こういうことをふと考えました。

もし、例の一団、すなわち断食あけのあの一団の前に立ちはだかって、大声で、

「塩うどん!!」

と叫んだとしても、たぶん一団は何事もなかったように通り過ぎていくであろうことは予想できるけどな。

◉懐かしきかな〝昭和の音〟

最近昭和がしきりに懐かしい。

ぼくの世代は昭和に生まれ、平成、令和と三代を渡り歩いて今日(こんにち)に至っている。

三階級制覇はどんな分野でも偉業である（と思う）。

三代のうち、人生の大半が昭和であった。

だから昭和の思い出はいっぱいある。

昭和はわが人生の思い出の宝庫なのだ。

最近はお宝番組というのがはやっていて、各家の倉からお宝を掘り出して紹介しているが、わが人生の倉にもお宝がいっぱいしまってある。

こうした古い物はときどき倉から出して虫干しをしないとカビが生えて使い物にならなくなるおそれがある。

いまちょうど梅雨(つゆ)どき。

倉から出して空気をあててやらなければならない。

懐かしーなー、昭和。

いまこうして昭和を懐かしんでいると、はるか彼方から〝昭和の音〟が聞こえてくる。

昭和の音、特に食べ物にまつわる音が懐かしい。

早朝、あれは4時とか5時ごろだったと思う、ウツラウツラしていると遠くから牛乳ビンが触れ合う音が聞こえてくる。

当時の牛乳はパックではなくガラス瓶だった。

牛乳配達の人が自転車に牛乳ビンをいっぱい積んで走りまわるガチャガチャという音が、最初は遠くから、それがどんどん大きくなっていって、ついにわが家の牛乳箱に牛乳ビンを入れる具体的な音になる。

いまわが家の牛乳箱のフタを開けた、いま2本入れた、いま自転車にまたがった、というふうに音を風景に変えながらまたウツラウツラとなる。

朝は牛乳ビンの音、そして夕方は豆腐屋のポープーというラッパの音。

ポープーも最初は遠くから聞こえてきてついにわが家の前にさしかかる。

「きょうはどーすんの？」

と子は母親に訊き、

「一丁」

の声と共に鍋をかかえて子は駆け出していく。

遠くの空は夕焼けでまっかっか。

遠ざかっていく哀調をおびた「ポープー」。

もしポープーに哀調がなかったら、派手で賑やかな音だったとしたら、〝昭和の音〟の懐かしみ方もまた違ったものになっていたにちがいない。

アイスキャンデー屋のチリンチリンも懐かしい。

夏になると自転車でアイスキャンデーを売り歩く人がいたのだ。

棒のついたアイスキャンデーを大きな箱に詰めて自転車の荷台にのせ、箱の横には「アイスキヤンデー」と大書した幟（のぼり）、原っぱのところにやってくるとチリンチリンと鈴を振る。

そうするとどこからか子供が大勢ワッと寄って来てアイスを買う。

鈴と書いたがあれは鐘か？

棒のところを手で握って上下に振るとチリンチリンと音がするもの、という解説が必要で幟も原っぱも今の人には意味がわからず、このあたりになると「なんでも鑑定団」の中島誠之助氏に解説してもらう必要がありそうで、つまり、アイスキャンデー屋の鈴は、いまや「昭和のお宝」化していることを意味する。

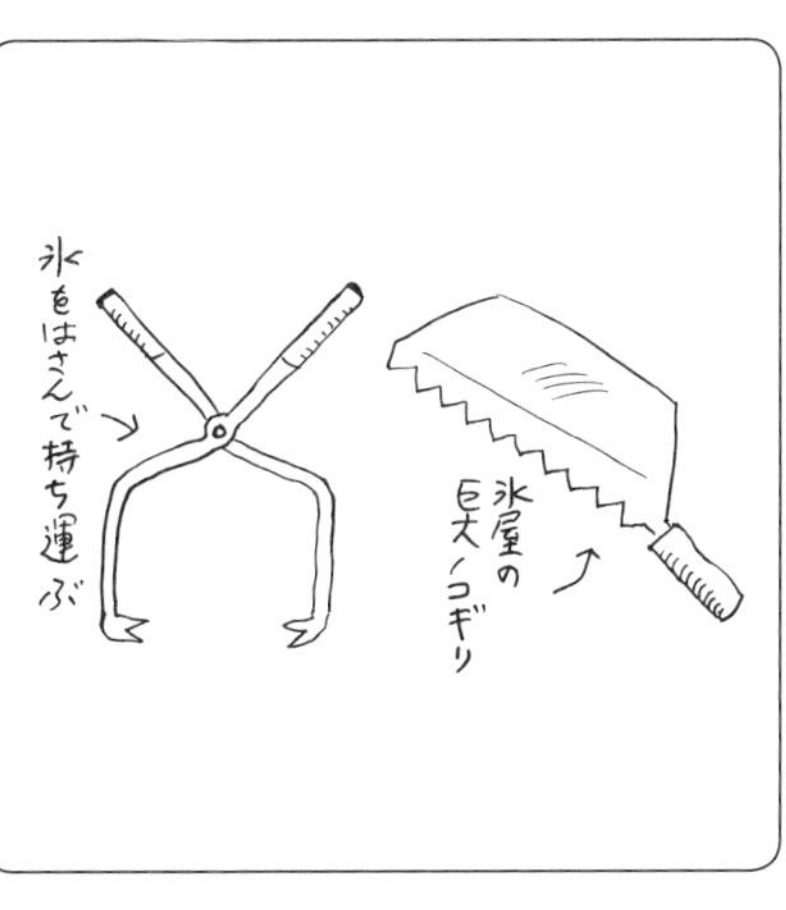

昭和の夏は氷屋も大繁盛した。
まだ電機の冷蔵庫がなく、氷で冷やす冷蔵箱とでもいうようなものしかなかったので、各家庭、各飲食店ともに氷屋に氷を配達してもらっていたのである。
だから夏になると、リヤカーに大きな氷を積んで走りまわる氷屋をあちこちで見かけるようになる。
一個の氷の大きさは墓石ぐらい大きいので冷蔵庫に入らず、これを氷屋が配達先の家や店の前で、専用の巨大なノコギリを使って二つに割ることになる。

巨大なノコギリのシャキシャキという音が魅力的、シャキシャキシャキ飛び散る氷の細片がキラキラ光ってまぶしく、四回ぐらいシャキシャキシャキやったあとノコギリの背中でポンとたたくと見事に二つに割れる。

それを今度は、またしても巨大な氷専用のハサミ（?）ではさんで持ち運ぶ。

まあ、この氷屋の一部始終の面白いこと。

いつのまにか近所の子供たちが氷屋を取り囲んで眺めている。

さっきのアイスキャンデーのチリンチリンでもすぐ近所の子供たちが集まってきたが、氷屋のシャキシャキにもすぐに近所の子供たちが集まってきた。

ここのところがまさに〝昭和の風景〟であることを見逃してはならない。

いまの子供たちは塾に行っていて集まることはできない。

これは食べ物にまつわる音ではないが、〝電話のジーコン〟もまさに〝昭和の音〟である。

昭和の電話はすべて黒電話ですべてジーコンだった。

全身まっ黒な電話器の送受話器をまず持ち上げて左手に持つ。

台のほうのまん中のところに円盤があってその円盤には0から9までの穴が10個あいていて、相手の番号の一番最初の数字

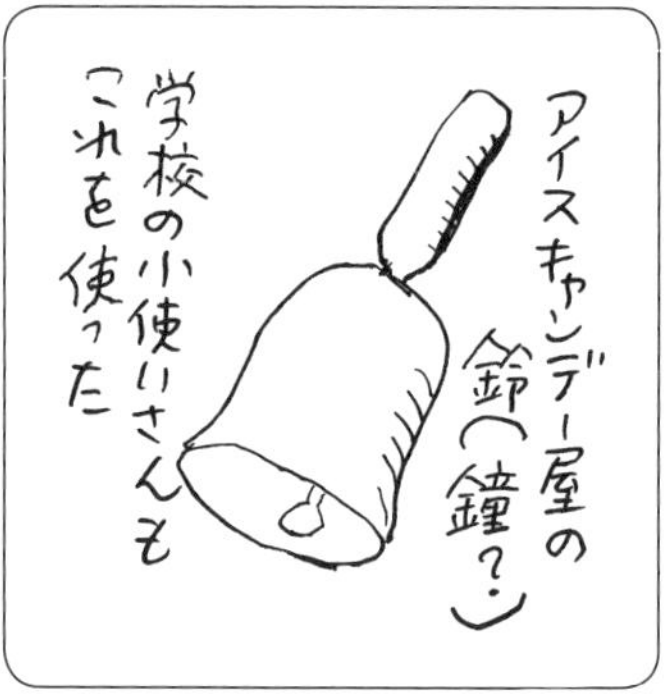

が5なら⑤の穴に人さし指を突っこんで、右側へ指が止まるところまで回す。その間ずうっとジーという音がしていてコンで元のところに戻る。

懐かしーなー、あのジーコン。
①が一番右側で⓪が一番最後。
だから相手の番号に0があるときは、ジーと右側にまわしていって止め、元のところに戻るまでがとても長く、コンをじーっと待っていたのがついこのあいだのことのように懐かしい。

◉昭和の蠅(はえ)を懐かしむ

先週に続いて今週も「昭和の思い出」、「思い出の昭和」。

昭和の古老が語る。

「考えてみると私にとっての昭和は蠅(はえ)との戦いの昭和でもあった。あの頃の蠅は日本の全人口よりも圧倒的多数で、ときには敗北感に襲われることもあった。よくぞ戦い抜いたと今にして思う」

今の人には何のことかわからないと思うが、同じ昭和の古老(ぼく)にはこの述懐の意味がよくわかる。

昭和の前半から中盤にかけて日本の蠅は全盛期を迎えていた。

蠅の黄金時代であった。

日本中で蠅が大活躍していたのである。

この事実は昭和史において忘れてはならない史実である。

なのにこの史実は昭和史において取り上げられたことはこれまで一度もない。

このことがぼくとしては残念でならない。

昭和の人々はこの圧倒的多数の敵とどう戦ったのか。

食べ物あるところ蠅あり。

まず食卓が蠅に狙われた。

食事をしていると、食卓の上にあることごとくの食べ物に、ことごとく集る。大勢で集る。

そう、たかると言った。

今は集るという言葉はめったに使わないが当時は毎日のように使った。

「蠅が食べ物に集る」というように、もっぱら蠅用の専門用語みたいにして使っていた。

ゴハンに集り、おかずに

集り、タクアンに集った。

こうした蠅の大群の来襲に昭和の人々は蠅帳で防戦した。

そう、衆寡敵せず、戦いは常に防戦一方だったのだ。

蠅帳とは、どういうものかというと、柄のない傘のようなもので、金網でできているので風通しがよく、これを食べ物の上にかぶせて蠅に対抗した。

蠅帳はもっぱら食事前と食事後に使用され、食事中は取り払われていたので、その間隙を縫って蠅は絶え間なく食卓に襲いかかった。

この食事中の蠅に昭和の人々はどう戦ったか。

その都度、手で追い払った。

牛や馬はしっぽで蠅を追い払っていたが、人間は手で追い払っていた。

蠅は絶え間なく来襲するので、食事中ずっと手で追い払わなければならず、五人家族なら五人がこれをやるので昭和の食事はとても忙しく、せわしなく賑やかなものになっていた。

そして、食卓を囲んだみんなの頭の上には、ああ懐かしの蠅取りリボン。

蠅取りリボンというのはごきぶりホイホイをテープ化したものと考えていい。

テープの両面に強力な糊状のものが塗られていて長さ一メートル弱、これを天井からぶら下げておくと飛んできた蠅がこれにくっついてもがきながら死ぬ。

そして、ああ、これまた恥ずかしくも懐かしの蠅たたき。

これはもう、今から考えるとあまりに原始的なものなので説明するのも恥ずかしいのだが、文字どおり蠅をたたいて殺す道具で、柄の先にハガキよりやや小さめの金網が付いていて、いいですか、向こうから蠅が飛んできて畳の上にとまるとしますね、そうするとこれを右手に持って忍び寄っていって狙いを定め、エイッと打ちおろすと、狙いたがわず、蠅、バッタリと息たえて死ぬ、というような、多分原始人もそうしていたであろうと思われる方法で、昭和の人は蠅と戦っていたのだ。

当時の蠅はあまりにも身近な存在で、ときには腕にもとまったりして妙に人懐こいところもあり、敵ではあることに違いないのだが憎みきれないところがあり、あんまり邪慳にするわけにもいかないな、というようなところもあった。

まず出でし
大きな蠅に
目玉あり
金子兜太

病室に
置いて使はず
蠅叩
高浜年尾

そのせいか、小林一茶も、蠅を打とうとする人に、

「やれ打つな」

と言っている。

「蠅が手をすり足をする」

蠅を見守っているのである。

見守るというのは、子供の成長を見守る、というふう

に使う言葉で、愛情あっての表現である。
蝿の全盛時代、日本では蚊も全国的に跋扈（ばっこ）していた。権勢もふるっていた。
蝿も蚊も人間の敵という位置は同じなのだが印象はずいぶん違う。
蚊には陰険という印象がつきまとう。
陰険で陰気で卑怯で狡猾でずる賢い感じがする。
やはり人間の隙をうかがって血を吸うところが嫌われたのだろうか。

蝿には直接の害はないが蚊には血を吸われるという実害があった。
そうした蚊の印象に比べてみると蝿は陽気にさえ思えてくる。
あれでなかなか気のいい奴なんだよな、という気がしてくる。

いっぴきの蝿にこころをつかひけり（日野草城）

江戸時代の人はたたくなと言い、昭和の人は気遣いまでしてくれる。
「煩（うるさ）い」という言葉がある。
音が煩い、とか、相手がしつこい、とかいう意味の言葉で、
「煩」という字があるのだからこれ一個で十分なのに、わざわ

ざ「五月蠅い」という字をこしらえて蠅に参加を呼びかけている。

五月蠅のどの字が「う」にあてはまるのか「る」にあてはまるのか、そういうことを一切無視して強引にうるさいと読ませる。

やっぱり愛情なのかな、蠅に対する。

やっぱり、懐かしいのかな、蠅が。

やっぱり懐が深かったな、昔の日本人は。

◉タピオカ讃歌

「消防署の方から来ました」

とか、

「郵便局の方から来ました」

という話には誰もが警戒する。

そういう詐欺が多いからである。

だが、

「南の方から来ました」

という話だとみんな気を許す。

なんだか朗報のような気にさえなる。

ナタデココのときがそうだったしタピオカのときもそうだった。

両方ともいかにも南の方から来た響きがあったので、もうそれだけでウェルカムという気になった。

それにつけこんだわけではないが両方とも突然日本にやってきて突然受け入れられた。

特にタピオカは三度目のブームだとか。

タピオカはそれまでの日本の飲料文化に革命をもたらした。

サイダーにしろラムネにしろジュースにしろ「飲み物に具」という概念はそれまでの日本にはなかった。タピオカで初めて、飲み物に具があってもいいじゃないか、という考え方が生まれた。

かつて岡本太郎さんがテレビで、

「グラスの底に顔があってもいいじゃないか」

と言って初めてそーだ、そーだと思い当たったのと似ている（関係ないような気もする）。
三度目のブームということなのでコンビニで「タピオカミルクティー」というのを買ってきて飲んでみる。

半透明な容器（でかい）の底にタピオカが多数沈んでいるのが見える。

数十粒は居るだろうか。

そう、「居る」という感じ。

黒くて大豆粒ほどの大きさのものが蠢(うごめ)いている。

いや、「蠢いている」わけではないのだがそんなふうに見える。

屯(たむろ)しているようにも見える。

カップを手に持っているので少し揺れてそう見えるのだが、連中の様子に不穏な空気さえ感じる。

色が黒いせいだろうか。

これからその不穏な連中をストローで吸い上げることになる。大丈夫だろーか。

カップに付いているストローが太い。太いというよりぶっ太(と)い。太いので嬉しい。太いとなぜ嬉しいのかわからないが、わけもわからず嬉しい。

ついいましがた「連中をストローで吸い上げる」と書いたが、正確には「連中をミルクティーといっしょに吸い上げる」わけなのに、いまのわが心中はタピオカのことしか考えていないことにハタと気がつく。

いまは「ミルクティーどころじゃない」のだ。カップにはフタが付いていて、けっこう硬そうなフタ。

なので、ストローを右手に身構え、かなりの勢いをつけてぶっ刺す。

あやまたず貫通。

やってみるとこれがけっこう楽しい。

あのぐらい強めの勢いをつけて正解だった、というところが嬉しい。

もし弱めだったら貫通しなかったわけだし、と嬉しい。

ストローの先端を奴らの群れに分け入らせて、さあ吸うぞ、強めに吸うぞ、何しろストロー太いからな。

吸う。

黒いカタマリが一個、太いストローの中を大急ぎで、いかにも嬉しそうに駆け登って来るのが見える。

懸命な様子も窺え、健気で無邪気で、深い考えのないいい奴だったらしく、不穏な連中などと思ってすまなかった。

口の中のストローの端からタピオカが一粒舌の上にポロリ。

そうすると、ここでも全員がタピオカをウェルカム。

全員といっても歯と舌だけなのだが歯のほうは、ホラ、上と下で大勢。

大勢で一粒を取り囲んで大もてなし。

もてなすといっても歯と舌では大したもてなしはできず、とりあえず舌が上の歯と下の歯の間にタピオカをご案内する。

それを上の歯と下の歯が嚙んでさしあげる。

そしてご感想を申しあげる。

「グニグニと申しますか、クニクニと申しますか、ムニムニと申しますか、いずれにしても『ニ』を主体にした表現にならざるをえないところが心苦しいところでございます」

というような表現になるはず。冒頭に書いたように、タピオカは日本の飲料史に革命をもたらした飲み物である。日本人はそれまで液体を固形物といっしょに飲むということをしたことがない。

やってみるとこれがなかなかのものであることがわかる。

ミルクティーにストローを差しこんで吸い始め、

「いまのところはミルクティーだけが口の中に入ってきているが、いずれタピオカのカタマリが吸いこまれてくるはずなんだよナ」

と思っていると、はたして一粒のタピオカの粒が吸いこまれてきて舌に当たったときの嬉しさ。

そのひとときを楽しんだあと、それを飲みこむことになるわけだが、ノドのところをミルクティーだけが通り過ぎていくのを感じつつ、

「いずれタピオカの粒がノドのところを通過していくんだよナ」

と思っているとはたしてタピオカがノドのところにさしかかり、十分な擦過感をノドに与えながら通過し、ああ、いま！と思い、いまの喜びにふるえる、などという経験を「タピオカ以前の日本人」はついぞ味わうことなく死んでいったわけだから、令和に生きるわれわれは何と幸せな世代であろうか。

◉幕の内弁当の美学

「ボーッと生きてることはいけないことである」

ということをわれわれはＮＨＫのチコちゃんによって教えられた。

こうなってくると、

「ボーッと食ってる」

ことも当然いけないことになる。

ぼくはちょうどいまコンビニで買ってきた幕の内風の弁当を食っているところなのだが、まさにボーッと食ってるところだった。

ぼくはコンビニで弁当を買うときはいつも幕の内系のものを買う。

「幕の内系はおかずがいっぱい！」

そのことだけを喜びとしてボーッと食っていた。

そうしたら、

「それはよくないことである」

という人がチコちゃん以外にもいたのである。

「人生に必要な知恵はすべて幼稚園の砂場で学んだ」

というタイトルの本があったが、

「人生に必要な知恵はすべて幕の内弁当から学んだ」

と言わんばかりの人がいたのだ。

「幕の内弁当には、人間の叡知と美学と哲学と宇宙の真理と商人(あきんど)の狡智が詰めこまれているのだ」

とその人は説く。

その人の名は榮久庵(えくあん)憲司。

工業デザイナーで、キッコーマンの醬油の卓上ビンがありますね、あれをデザインした人。

そういう説を唱(とな)えている本の名は『幕の内弁当の美学』（朝日文庫）。

ぼくはだいぶ前にこの本を読んでいたのだが今回これを機に読み直してみた。

読んでみたら改めて目からウロコ、鼻から鼻ぼこチョウチン。

いいですか、読みますよ。

「それはひらたい箱である。縁(ふち)のある平面である。一里四方、百里四方、万里四方を一尺四方に象徴した小宇宙である」

「海の幸あり、山の幸あり、野の幸が、色香もとりどりに入れこまれている。しかも、決して混乱の醜さを感じさせない」

「狭小な国土を棲みこなしてきた日本人の、永いあゆみ。それが日本人の遺伝子に、そうした生きかたの術としてしっかりと刻みこまれて、日本人の血に共通に流れる美意識を醸してきたのではないか。それが上空からの眺めに類比される幕の内弁当の絶景に、表象されているように思えてならない」（傍点筆者）

あなたは幕の内弁当を上空から眺めたことがあるでしょうか。

それが絶景だと思ったことがあるでしょうか。

ぼくの場合は上空からではないが上からちょっとだけ眺め、

「おかずがいっぱい！」

と思っただけ。

狭小な国土が幕の内弁当に関係していることも気がつかなかった。

ここからは榮久庵氏の卓見を少しずつ部分的に拾い上げていくことにする。

「多種多様な要素が、たがいに乱れあわぬほどの節度をもってさかいを構えている。この不思議な秩序の感覚」

「レンコンと唐揚げ」「出し巻きとシュウマイ」などが隣り合わせていたりすることについて言及しているのだが、互いに「節度をもって」接しているとは気がつかなかった。
「幕の内弁当には、中味が自由に位置を占めながら秩序があり、（中略）それぞれが対等に活き活きとしており、とりたてて威張っているものもなければ、とりたててひがんでいるものもなく共存を楽しんでいる」
確かに値段からいって威張ってもいいおかずと威張るのは無理というおかずが同じ平面に並んでいる。
鰤（ぶり）の照り焼きなんかは威張ってもいいがチクワ天は無理だろう。

だけど、チクワ天が僻(ひが)んでいるという話は聞いたことがない。

「幕の内弁当は、美学者や芸術家の発想したものではなく、あきんどの発想したものである。八分は料理の本道に範をとり、二分の俗流化を認めていくあたり、あきんどの根性はたいしたものである。あきんどのサービス精神の極意は、楽しみをいかに商品化するか、にある」

驚くなかれ、幕の内弁当には衆生済度の教えも組み込まれているという。

衆生とは生きとし生けるもの、済度とは苦海から救済すること。

「なんでもとりこむのが、幕の内構造である。（中略）無駄もとりこむ。（中略）これが幕の内構造に配備されると、駄目なものも活き活きとしてくる。（中略）

幕の内弁当をつうじてあらわにされたもののつくりかた、治めかたの型のめざすところは、なんでもとりこんですべてを活かす、摂取不捨の姿勢、衆生済度の構想なのである。食べものを救うことによって、多かれ少なかれ好き嫌いのある『人』のほうも救っていく」

そうだったのか。

われわれは教典を食べていたのだ。

何という無知、何という無礼。

ぼくは手に持ったコンビニの幕の内風の弁当に改めて目を落

とした。

改めて心を衆生済度にして上空から見おろした。

おかずたちは何事もなく平和にそこに展開しているのだった。

ただ一切れのコンニャクが大きなカマボコに乗っかられて下敷きになっているのに気がついた。

コンニャクが特に僻んでいるようには見えなかったが、ぼくは箸でカマボコを諭しながら少しだけ横にずらしコンニャクの息がラクになるようにしてあげるのだった。

仏心（ほとけごころ）がついたのだろうか。

◉海苔と日本人

結局、日本人は海苔が好きなんですね。

文章の冒頭にいきなり「結局」を持ってくるのは文脈的にヘンだが、ぼくの切羽詰まった気持ちが「結局」を使わせたのです。

なぜ切羽詰まっていたかというと、ここ数日ずっと海苔のことを考えていたから。

発端は「お父さんがんばって！」だった。

今はもう発売してないようだが、かつて「お父さんがんばって！」という海苔の佃煮があった。

そうです、鼻めがねの三木のり平のキャラクターで有名な海苔の佃煮。

ここでハタと考えてしまったのです。

「お父さんがんばって！」というセリフと海苔の佃煮はどこでどう繋がるのか。

どう考えても繋がりませんよね。

だが株式会社桃屋は強引に繋げた。

そうしたら……問題はここです。

全日本人は「お父さんがんばって！」と「海苔の佃煮」との関係を本能的に感じとったのです。

感じとったからこそ商品として成功した。

疑問はまだ続きます。

「ごはんですよ！」はやがて「お父さんがんばって！」に引き継がれていったようだがこれだってヘン。

「ごはんですよ！」がなぜ海苔の佃煮と結びつくのか。

ごはんのおかずは他にいくらでもあるのに「ごはん＝海苔の佃煮」という発想。

だがこの発想もいとも簡単に全日本人は受け入れた。

こうなってくると「日本人と海苔」ということを考えざるをえなくなってくる。

「血の同盟」という言葉があります。いっとき「中国と北朝鮮は血の同盟で結ばれている」と言われた時代があった。

日本人とごはんは「海苔の同盟」で結ばれていたのだ。

日本人、ごはん、海苔の三国同盟。

昭和の時代はこの三国同盟の絆が強かった。

今では考えられないほど強かった。

当時、日本の家庭で海苔を保存するための「海苔缶」を備えていない家なぞ考えられなかった。

一家に一缶、しかも缶には「海苔」という文字が描かれていた。

つまりこの缶は海苔専用の缶で、他の何者（たとえば煎餅）も入ることは許されなかった。

そのぐらい海苔の地位は高かったのである。

「お歳暮、お中元にはとにもかくにも海苔」という考え方が日本人の大半を占めていた。

現在各家庭で用いられているのは長方形に小さく切ったのが主流だが、当時の海苔は19㎝×21㎝という大判が殆どだった。

この大判が十枚単位で売られていて、この十枚を一帖（じょう）と称した。

今の人は「一帖」と言っても何のことだかわからないと思うが。

ここからぼくの子供時代の回想になります。

当時の海苔は「焙ってから食べる」のが決まりだった。

食べる直前にパリパリに乾かしてから食べる。

「海苔を焙るときは二枚いっしょに焙る」という鉄則があった。

二枚いっぺんに焙ると香りが飛ばないから、というのがその理由だったように思う。

コンニャクには裏表がないが海苔には裏表がある、という事実を当時の子供は誰でも知っていた。

ザラッとしてるほうが裏でツルツル光っているほうが表。

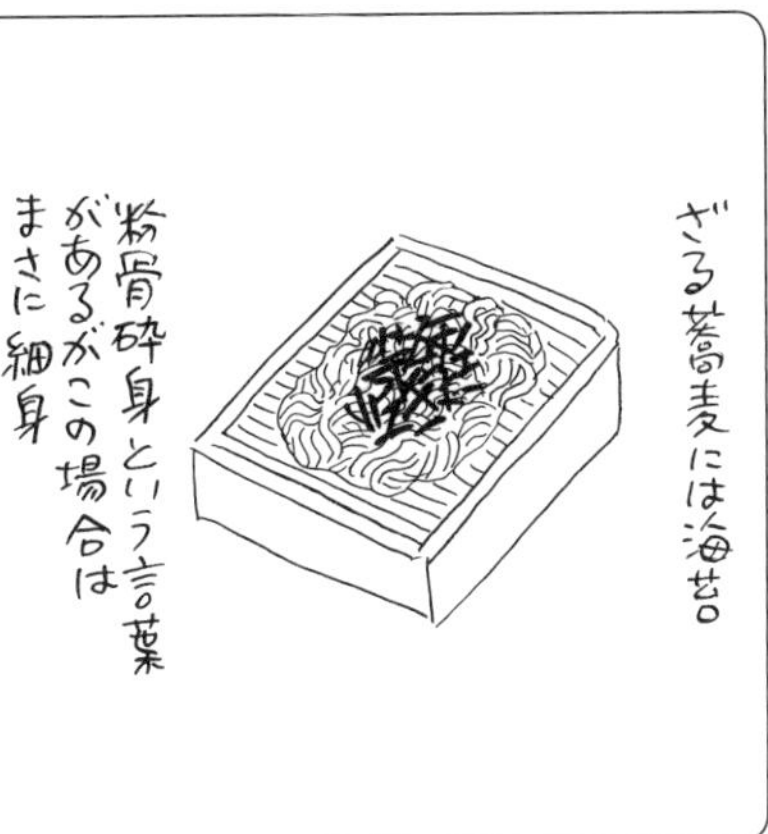

ただしこの知識が何かの役に立っていたかというと、何かの役に立ったという事実がいまだに思いあたらないのが不思議である。
大判の海苔は最終的には小さく切ってお醤油をつけてから一口分のごはんに巻いて食べるわけだが、そのとき、お醤油をつけた側を内側に巻いて食べるか、外側に巻いて食べるかを当時の子供たちは真剣に論議したものだが、どっちがよりおいしいか、についてはいまだに結論が出ないのもこれまた不思議である。
そういえば、とここである事実に気がつく。

海苔は乾燥と湿潤の二刀流で勝負していたのであった。

乾いた紙状の海苔と湿った糊状の海苔。

ビンに入ったほうの海苔は、

「お父さんがんばって！」

とか、

「ごはんですよ！」

など様々に呼びかけられるが、乾いたほうの海苔はこれまで何か呼びかけられたことは一度もない。

これまた不思議といえば不思議。

気配がない、ということなのだろうか。

つまり、ビン詰めのほうは呼びかけに対してなんだか応答してくれそうな気配があるのに対して、乾いた紙状の海苔は応答してくれそうな気配が感じられない。

紙という形がどうしても不利である。

どこがどう不利なのかと言われても困るが、紙は軽くて風ですぐ飛んじゃったりするが、ビンは、ホラ、どっしり構えてるじゃないですか。

信用できると思っちゃうじゃないですか。
海苔が二刀流であることは先に述べた。
二刀流が二刀をいっぺんに使ったとき最強の力を発揮する。
すなわち海苔の佃煮を具にして乾いてる海苔で巻いて握ったおにぎり。
この最強のおにぎりを食べて、
「お父さんがんばって!」

◉ビールのCMはむずかしいのだ

連日の猛暑のせいでテレビは連日ビールのCM。

あっちのチャンネルでゴクゴク、こっちのチャンネルでもゴクゴク。

それで気がついたのだが、ビールは自分で飲むのもおいしいが他人が飲んでるところを見ても
こんなにもおいしいものだとは思わなかった。

いや、ほんと、自分もいっしょに冷たーいビールをゴクゴクのどを鳴らしながら飲んでいる気
になる。

ビールのCMのパターンはだいたい決まっている。

まず各ビールメーカーの缶のアップ。

それをグラスにゆっくりそそいでいく。

グラスの形は各社同じような形の長くて細めのグラス。

数年前までのCMは「大きなジョッキにバシャバシャ」だったが、ここのところ〝細めにゆっ
くり〟が流行。

グラスは冷えきっていて細かな水滴がびっしり。

刻々と水位が下がっていく
ここが動かない人もいる（女性に多い）

静かにゆっくりそそいでいくと、グラスの底のほうから琥珀色のビールが雪のように白い泡をのっけて静かにゆっくり上昇していく。

このシーンで見ているぼくののどがゴクリ。

この〝グラスの中をゆっくり神泡と共に上昇していくシーン〟は今や日本の夏の風物詩だ。

全国民が固唾を呑んで見守っているのでこのシーンになった途端、国中（くにじゅう）が静かになるとさえ言われている。

神泡と共に上昇していっ

たビールが、ビール7、泡3の比率のところでピタリと止まる。

「そう！　そこ！」

と全国民が一斉に呟く。

「よくやった！」

と全国民が嬉しい。

グラスの壁面をツツーと水滴が一滴。

このあたりになると、もはや自画自讃なのか、他画他讃なのか誰の頭も判断できなくなっている（暑さで頭呆けてるし）。

このあと〝そそいだビールをいよいよ飲む段〟になるわけだが、ぼくとしてはこの段が気に入らない。

「だいたいやね」と、つい竹村健一氏風の口調になってしまうが、

「だいたいやね、ビールのCMのタレントはグラスに口をつけてゴクゴクゴクと三口飲んでプハーとなるが、あれはあきまへんで」

そう、ぼくもあれはあきまへん。

何があきまへんかというと三口というのがあきまへん。

ぼくとしては、最初の一口目はゴクゴクゴクゴクと四口目まで行って欲しい。

だって待ちに待った冷たーいビールの最初の一口でしょう。

三口ではノドはまだ冷えておまへんがな。
何しろこの暑さ、四口目でノドはやっと冷えるのです。
〝ゴクのたびに刻一刻とグラスの中のビールが減っていくシーン〟もまたなかなか魅力的だ。
一ゴクというのは量的な単位でもあって一ゴクで一ゴク分のビールが飲んでる人のノドを通過して消えていくわけだから、グラスの中のビールが減っていくのは当然である、ということは頭の中で理解しているのにそれでもこのシーンは嬉しい。

飲んでる、飲んでる！ということの実感なのかなあ。

タレントがビールをゴクゴクやるシーンでぼくが注目している箇所がある。

それはタレントのノド仏である。

ゴクのたびにタレントのノド仏がちゃんと動いてるかどうか。

というのは、タレントの中には飲んでるふりをする人がいるからだ。

聞くところによると、ビールのCMの撮影は、テスト、本番を何回も何回も繰り返すので最終的には何十杯も飲むことになるらしい。

それだものだから飲んでるふりをしてごまかす人も出てくる。

ちゃんと飲んでるかどうかはノド仏のところを見ていればわかる。

一口飲んだのにノド仏がピクリとも動かない人がぼくの見たかぎりでは一人いる（女性です）。

ぼくはこういう人にはキビシイ。

だってズルでしょ。

ズルは不正でしょ、不正は誰かが糾弾しなければいけないのです。

そうしていよいよCMは最終段階に至ります。

三口飲み終えたあとの演技。

ここの演技こそが各タレントの腕の見せどころ。

ゴクゴクゴクと三口のあと各タレントは口元からグラスを離して「感に堪えない」という表情をしなければならない。

カッと目を見開く人、天を仰ぐ人、がっくりとうなだれる人、呻く人、泣き笑いをする人、呆然のふりをする人、それぞれ工夫のかぎり、演技のかぎりを尽くす……のだが、ビールのCMにかぎって演技というものが持つ虚しさをつくづく感じずにはいられない。

ビールのCMにかぎって誰がどんな演技をしてもどこかにウ

ソを感じる。

熱演すればするほどウソっぽくなる。

なぜかと言うと、ビールを飲んで誰もあんな大袈裟な動作はしないからである。

ごくふつーに、

「アー、おいしーなー」

という表情を少しするだけ。

もしですよ、ビールの一口目を飲んだ人がみんなあのような大仰な動きをするとなると、ビヤホールの中はどうなります？

てんやわんやの大騒ぎで収拾がつかなくなる。

東海林さだお（しょうじ・さだお）
1937年東京都生まれ。漫画家、エッセイスト。早稲田大学露文科中退。70年『タンマ君』『新漫画文学全集』で文藝春秋漫画賞、95年『ブタの丸かじり』で講談社エッセイ賞、97年菊池寛賞受賞。2000年紫綬褒章受章。01年『アサッテ君』で日本漫画家協会賞大賞受賞。11年旭日小綬章受章。

干し芋の丸かじり

2021年11月30日　第1刷発行

著　　者　東海林さだお
発 行 者　三宮博信
発 行 所　朝日新聞出版
〒104-8011　東京都中央区築地5-3-2
電話　03-5541-8832（編集）
03-5540-7793（販売）

印刷製本　凸版印刷株式会社

Published in Japan by Asahi Shimbun Publications Inc.
ISBN978-4-02-251801-9
※定価はカバーに表示してあります。